味だれ**5**つで！

野菜がおいしすぎる

超悦サラダ

上島亜紀

主婦の友社

contents

PART 1 野菜ひとつで! 毎日サラダ

サラダの味がピタリと決まる
魔法の味だれ5

健康を保つのに欠かせない野菜は、毎日、手軽においしく食べたいもの。
それはわかっているけど、葉野菜だけのサラダや簡単ないため物など
マンネリになりがちなのが悩みのタネ。そこで、料理研究25年にわたっておいしい味つけに
取り組む著者が、かけるだけ、あえるだけでピタリと味が決まる「魔法の味だれ」を開発。
みそ、しょうゆ、塩をベースにした、タイプの異なる味だれ5つ。
組み合わせる野菜や食材を変えれば、味わいは無限大です!

味だれのここがスゴイ!

☑ ベースは家にある 定番調味料

魔法の味だれといっても、材料はいたってふつう。みそやしょうゆ、ごま、油類など、家にある調味料でベースの味ができ上がります。

☑ 香味野菜で 風味アップ

ねぎやにんにく、しょうが、にらなど香味野菜をすりおろしたり刻んだりしてプラス。風味が加わり、より野菜にからみやすくなります。

☑ 保存はジャム瓶で お手軽!

150〜200g入る、よくあるジャム瓶を活用。冷蔵室にも入れやすく、場所をとりません。

☑ 作るのは3回分

一度に作るのは、調味料や材料を手軽にまぜられる3回分。その日のサラダに使い、残りは作りおきにすると、使いきる量なので飽きることがありません。

しょうゆにらだれなら、1回分を「よだれ鶏風サラダ」(p.53)に、残りを作りおきの「パプリカときくらげの和風サラダ」(p.102)に使って、味わいの違いを楽しむのも手。

①

ちょっとピリ辛。ねりごまと
すりごまを合わせてコクしっかり!

ごまみそだれ

 + + + + +  + +

| ねり白ごま 大さじ2 | すり白ごま 大さじ2 | みりん 50ml | みそ 大さじ1 | しょうゆ 大さじ1 | 豆板醤 小さじ1 | にんにくの すりおろし 小さじ1 |

作り方
ボウルにすべての材料を入れてよくまぜる。

保存期間 **冷蔵1週間**

ごまみそだれの
ベストワンレシピ

レンジ加熱でとろっとした
なすにたっぷりかけて

なすの
バンバンジー
サラダ

材料(2人分)
なす… 3個(250g)
味だれ ① …大さじ3

作り方

1 なすはピーラーで皮をむき、耐熱
皿にのせてラップをふんわりとか
ける。電子レンジで3分加熱し、
上下を返してさらに2分加熱する。

2 あら熱がとれたら縦4等分に裂い
て器に盛り、味だれをかける。

1人分 **111kcal**、食物繊維**4.1g**

組み合わせる野菜によって
にらが脇役にも主役にもなる

しょうゆにらだれ

 ╋ ╋ ╋

| しょうゆ 50ml | にらの 小口切り ½束分(50g) | 砂糖 大さじ2 | 酢 大さじ1 |

作り方 ボウルにすべての材料を 入れてよくまぜ、瓶に詰めて 冷蔵室に一晩おく。

保存期間 冷蔵1週間

しょうゆにらだれの
ベストワンレシピ

こんがり焼いたれんこんに
にらの香味がよく合う!

焼きれんこんの
にらだれサラダ

材料(2人分)
れんこん… 1½節(300g)
味だれ 2 …大さじ2
ごま油…小さじ1

作り方

1 れんこんは1cm厚さに切り、
水にさらして水けをふきとる。

2 フライパンにごま油を中火で
熱し、1を並べて焼く。途中
で返して両面に焼き色がつく
まで3〜4分焼き、器に盛っ
て味だれをかける。

1人分 **128kcal**、食物繊維**3.1g**

③

使い方で和風、中華風、
韓国風にもなる万能だれ

うま塩ねぎだれ

塩
小さじ½

＋

ねぎの
みじん切り
⅔本分(75g)

＋

鶏ガラ
スープのもと
小さじ1

＋

しょうがの
すりおろし
小さじ½

＋

ごま油
10ml

＋

サラダ油
40ml

作り方
ボウルにすべての材料を入れてよくまぜ、
瓶に詰めて冷蔵室に一晩おく。

保存期間 冷蔵1週間

うま塩ねぎだれの
ベストワンレシピ

1分でできる速攻サラダ。
たれのおいしさを吸ったねぎが決め手

たたききゅうりの中華サラダ

材料(2人分)
きゅうり… 2本(240g)
味だれ ③ … 大さじ2

作り方
1 きゅうりは長さを4等分に切って
ポリ袋に入れ、めん棒などでたた
き、味だれを加えてあえる。

1人分 42kcal、食物繊維1.5g

味だれ **4**

ペーストを使えば
本格イタリアンもすぐできる!

バーニャだれ

 + + + + + +

アンチョビー
ペースト
大さじ1

にんにくの
すりおろし
大さじ3

生クリーム
50ml

オリーブ油
50ml

あらびき
黒こしょう
少々

作り方
ボウルにすべての
材料を入れ、ゴムべらで
よくまぜる。

保存期間 冷蔵4日間

バーニャだれの
ベストワンレシピ

シンプルないもが、味だれで
レストラン風の味わいに!

蒸かしいもの
ガーリッククリーム温サラダ

材料(2人分)
じゃがいも… 2個(300g)
味だれ 4 …大さじ2

作り方
1 じゃがいもは皮ごと蒸し(レンジ加熱でもOK)、半分に割って器に盛り、味だれをかける。

1人分 **151kcal**、食物繊維**13.7g**

9

味だれ **5**

甘みのあるたれはフルーツとの相性が
よく、マリネやピクルスにもおすすめ

ハニーオニオンだれ

はちみつ 大さじ½	玉ねぎの すりおろし ½個分（100g）	酢 大さじ2	酒（煮きり） 大さじ2	塩 小さじ⅔	あらびき 黒こしょう 少々	オリーブ油 50ml

作り方
ボウルにすべての材料を入れてよくまぜる。

保存期間 **冷蔵1週間**

ハニーオニオンだれの
ベストワンレシピ

カリッとしてホクホク、
かぼちゃの甘みをより引き立てる

揚げかぼちゃの
マリネサラダ

材料（2人分）
かぼちゃ…⅛個（正味200g）
味だれ 5 …大さじ3
揚げ油…適量

作り方

1 かぼちゃは1cm厚さに切る。

2 フライパンに深さ1cmまで揚げ油
を入れて160度に熱し、1を素揚
げにして油をきり、熱いうちに味
だれをからめる。

1人分 **151kcal**、食物繊維**3.7g**

この本の使い方

本書を使いこなして、毎日おいしく野菜を食べていただくために、
見方や決まりごとについてまとめました。

味だれ　味つけに使う味だれ。作り方はp.6〜10で紹介しています。

栄養計算　1人分（特記がない場合）のおおよそのエネルギー量と食物繊維量を記載。

野菜と重量

PART2、PART3では使う野菜と重量を掲載。1日の必要量350gの約半量を目安に組み立てられています。

調理のポイント

サラダをおいしく作るためのコツや注意点などを解説しています。

これで 約350g!

玉ねぎ1/2個、ブロッコリー1/4個、
パプリカ1/2個、サラダ菜1個、
さやいんげん5本、ミニトマト3個

決まりごと

● 小さじ1は5ml、大さじ1は15mlです。
● 野菜類は、特に指定のない場合は、洗う、皮をむく、へたをとるなどの作業をすませてからの手順を説明しています。
● 調味料は、特に指定のない場合は、しょうゆは濃口しょうゆ、砂糖は上白糖、小麦粉は薄力粉を使用しています。
　こしょうは、白こしょう、黒こしょうを好みでお使いください。
● だしは昆布、削り節、煮干しなどでとった和風だしのことをさします。市販品を使う場合はパッケージの表示にしたがってください。
　また、市販のものは塩分が含まれていることがあるので、味見をして調整してください。
● 固形スープ、顆粒スープはコンソメなど洋風スープのもとを、鶏ガラスープのもとは中華スープのもとを使用しています。
● エネルギー（kcal）、食物繊維量の数値は、食材の個体差によって多少の違いがあるので目安とお考えください。
　好みで添えるつけ合わせなどは計算に含まれていません。
● 電子レンジの加熱時間は600Wの数値です（500Wの場合は1.2倍、700Wの場合は0.8倍にしてください）。
　機種により加熱時間に多少差がありますので、様子を見てかげんしてください。

毎日サラダでも
楽しめる秘訣

野菜は洗い方や下ごしらえによっておいしさが変わり、
同じ野菜でも切り方や組み合わせ、盛りつけによって見た目も変化します。
野菜の扱い方のコツやアイディアが満載の上島先生に、サラダを楽しむための秘訣を聞きました！

楽しめる秘訣 1

生野菜は浸水＆しっかり水きりで
3日間シャキシャキ！

葉野菜やきゅうりの輪切りなど定番野菜は一度に下ごしらえ。こうすると、毎日準備する手間を省けます。

冷水を張ったサラダスピナーに葉野菜をちぎって入れ、きゅうりはスライサーで輪切りにしながら加える。

野菜がしっかりつかるように冷水をたし、10〜15分おいてシャキッとさせる。

冷水を捨て、サラダスピナーを回してしっかり水けをきる(葉野菜は上下を返してからさらに回す)。

POINT!

空気を入れて
保存するのがコツ

ポリ袋にふんわりと入れ、空気を入れて口をしばり冷蔵室に。空気を入れることで傷みにくくなり、約3日間シャキシャキとおいしい状態をキープします。

楽しめる秘訣 2

道具も使って簡単に
野菜の切り方を工夫

同じ野菜でも切り方によって食感が変わり、見た目も変化します。
合わせる味だれや野菜によって使い分けて。

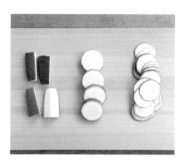

ズッキーニは、加熱して使うときは棒状や1cm厚さの輪切り、生で食べるときは薄い輪切りにする。

かための根菜など、薄い輪切りにするのがむずかしい野菜は、スライサーを使うと便利。

キャベツやレタスなどの葉野菜は手で3〜5cm角にちぎると簡単で、味もなじみやすい。

楽しめる秘訣 3

いつもと違う器や、具の重ね方で
盛りつけを工夫

ついいつものサラダボウルに盛ってしまいがちですが、平皿を使ったり、野菜の断面を見せたりすることでイメージが変わります。

断面見せ

カリフラワーやブロッコリーは小房に分け、さらに縦半分に切って断面を見せるとかわいい。

立体盛り

平皿に野菜を順に盛り、肉や魚をのせると立体的に。最後に味だれをかけて食欲を刺激！

色合わせ

主材料2つでも色の合わせ方によって変化が出ます。

赤のパプリカに黒のひじきを合わせて、色のメリハリをきかせたサラダに。

ズッキーニとキウイで色と形を合わせ、食べて楽しいグリーンサラダに。

楽しめる秘訣 4

簡単にできて、しかもおいしくなる!
洗い方、下ごしらえで時短

土がつきやすい野菜は洗い方をひと工夫。電子レンジ加熱で簡単にすませたいいも類は、レンジに入れる前の下ごしらえによって均一に熱が通ります。

かぶの洗い方

根元に土や汚れがたまっているので、切ったあと水に数分つける。

根元部分を水につけたまま、ふるふると振ると汚れが落ちる。

じゃがいもの下ごしらえ

スライサーで薄切りにし、味だれをからめてからレンジ加熱すると、ほどよく下味がつきながらやわらかくなる。

加熱後、熱いうちに木べらなどでつぶしながらまぜ、好みの大きさになるまでくずす。

ブロッコリーの洗い方

ポリ袋(購入時の袋でもOK)に逆さに入れ、房がつかるまで水を入れてくるくると回すと、汚れが落ちる。

さつまいもの下ごしらえ

スライサーで縦に3〜4カ所、間をあけて皮をむき、ラップで包んでレンジ加熱。そのまま余熱でしばらくおくと、かたくなることなくねっとりホクホクとした仕上がりに。

5 楽しめる秘訣 ドライハーブを活用

洋風サラダなどで味だれにもうひと味加えたいときは、ドライハーブが便利。ひと振りするだけで、風味がグッと変化します。

ハニーオニオンだれ＋ドライバジルでマリネ風「じゃがいものシンプルサラダ」(p.39)

バーニャだれ＋ドライバジルでタイ風「ガパオ風温サラダ」(p.51)

6 楽しめる秘訣 乾物は野菜の水分でもどす

サラダに食材をもうひとつ加えたいときに便利なのが、常温保存できる乾物。野菜の水分を活用すると、もどす時間を短縮できます。

洗った切り干し大根をポリ袋に入れ、きゅうりと味だれを合わせて、もどしながら味を含ませる。

洗ったひじき、パプリカを順にボウルに入れてレンジ加熱し、野菜の水分で蒸しながらひじきをもどす。

7 楽しめる秘訣 セロリや大根の葉で彩りアップ

捨ててしまいがちな葉っぱ類。実は彩りにとても便利なので、しっかり使いきりましょう。

セロリの葉も刻んで加えることで彩りアップ「きのことセロリのアヒージョ風サラダ」(p.103)

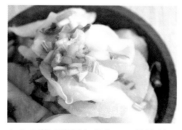

かぶの葉で単調な色合いのサラダにアクセントをつけた「かぶとグレープフルーツのマリネサラダ」(p.31)

野菜をとるならサラダが楽。だから…

サラダの
3大
お悩み

1 野菜がマンネリ化
2 ドレッシングの味に飽きる
3 毎日作るのは大変

⟫⟫

この本が解決します!!

⟫⟫

この味だれ5つならおいしく使いきれる。

毎回、何種類もの調味料を駆使する味つけは面倒で、マンネリになりがち。この本では、味をたった5つの「味だれ」に集約! 合わせる野菜によって味わいも変わる魔法のたれです。

野菜ひとつで簡単

野菜ひとつでも味だれの種類によって、まるで違うサラダに!

うま塩ねぎだれであえるだけ「トマトのナムル風サラダ」(p.19)

同じ味だれでも味わいが変わる「にんじんのうま塩サラダ」(p.34)

肉や主食をプラスして
ワンプレートも

ひと皿で1日に必要な野菜の半量をとれるボリュームサラダ。

野菜たっぷり「フレッシュトマトとルッコラの冷製パスタサラダ」(p.81)

主菜になる具だくさんのサラダにパンを添えて

作りおきでラクラク

4人分作っておけば、お弁当や小鉢おかずにもなって便利。

つけ合わせにもなる「彩り野菜とうずらの卵のピクルス風サラダ」(p.96)

副菜としても使える「ししとうと厚揚げの韓国風サラダ」(p.108)

PART 1

野菜ひとつで!
毎日サラダ

味だれを使って、まずは野菜ひとつで
サラダを作ってみましょう。
野菜だけ、または乾物やフルーツ、
香味などを合わせたシンプルなものばかり。
野菜によって味だれの風味にも
変化があって楽しいです。

トマト

ほどよい酸味とうまみをもつトマトは、どの味だれとも調和し、おいしさが増します。味だれの香味野菜をしっかりからめて食べてください。

洋風テイストは味だれ **5** で決まり！
＋バジルで香りづけ

トマトとモッツァレラの
カプレーゼ

材料(2人分)
トマト…小2個(200g)
モッツァレラ…1個(100g)
味だれ 5
ハニーオニオンだれ…大さじ1½
ドライバジル…小さじ⅓

作り方
1 トマトは一口大の乱切りにし、モッツァレラは水けをふきとって一口大にちぎる。

2 ボウルに　と味だれ、ドライバジルを入れてあえる。

1人分 **178kcal**、食物繊維**1.1g**

香ばしいトマトにたれがからんで
とろ〜り食感!
めんやとうふにのっけても

焼きトマトのサラダ
にらだれがけ

材料(2人分)
トマト…小2個(200g)
味だれ 2
しょうゆにらだれ…大さじ1
ごま油…大さじ½

作り方

1 トマトは横1.5cm厚さに切り、ごま油を
強めの中火で熱したフライパンに入れ、
両面に焼き色がつくまで焼いて器に盛る。

2 1のフライパンに残っている汁に味だれ
を加え、トマトにかける。

1人分 52kcal、食物繊維1.1g

1分かからず完成!
トマトと味だれだけの
即できサラダ

トマトの
ナムル風サラダ

材料(2人分)
トマト…小2個(200g)
味だれ 3
うま塩ねぎだれ…大さじ2

作り方
トマトは一口大の乱切りにしてボウルに
入れ、味だれを加えてあえる。

1人分 46kcal、食物繊維1.2g

19

玉ねぎ

生で食べるときは繊維を断ち切るように薄切りにしてシャキシャキ食感を楽しみます。加熱すると甘さが際立ち、とろっとやわらか。

1人分 143kcal、食物繊維1.7g

味だれにツナ缶を合わせて
うまみたっぷり!

玉ねぎとツナの
うまだしサラダ

材料(2人分)

玉ねぎ… 1個(200g)

ツナ缶… 1缶(60g)

味だれ③

うま塩ねぎだれ…大さじ2

作り方

1 玉ねぎは縦半分に切ってからスライサーなどで横にごく薄く切り、水にさらして水けをしっかりきる。

2 ボウルに 1 とツナ缶(汁ごと)、味だれを入れてざっくりとあえる。

レンジ加熱2回&余熱で、玉ねぎが
中までやわらかくジューシー

ホット玉ねぎの
バーニャカウダ

材料(2人分)

玉ねぎ… 2個(400g)

味だれ④

バーニャだれ…大さじ2

作り方

1 玉ねぎは縦4等分に切り込みを入れてそれぞれラップで包み、電子レンジで4分加熱し、上下を返してさらに2分加熱する。そのまま3分おく。

2 ラップをはずして器に盛り、味だれを回しかける。

1人分 129kcal、食物繊維3.3g

きゅうりの水けを生かして
切り干しをもどし、味を入れる

きゅうりと切り干し大根のサラダ

材料(2人分)
きゅうり … 1本(120g)
切り干し大根(乾燥) … 20g
味だれ 3
うま塩ねぎだれ … 大さじ3

作り方

1 きゅうりは縦半分に切ってから斜め薄切りにする。切り干し大根は水を3回ほどかえながらもみ洗いし、水けをしぼってざく切りにする。

2 ポリ袋に　と味だれを入れてよくまぜ、空気を抜いて口をしばり、10分ほどおく。

きゅうり

水分の多いきゅうりは、乾物を合わせるとほどよくしんなりして味がなじみます。ごまみそだれを合わせて、ごまあえ風にしても。

1人分 **75kcal、食物繊維3.0g**

1人分 **24kcal、食物繊維1.4g**

こまかい切り込みを入れて
味をしみ込みやすく

じゃばらきゅうりの浅漬け風サラダ

材料(2人分)
きゅうり … 2本(240g)
味だれ 2
しょうゆにらだれ … 大さじ1½

作り方

1 きゅうりは両面に斜めにこまかい切り込みを入れ、3cm厚さに切る。

2 ポリ袋に　と味だれを入れてよくまぜ、空気を抜いて口をしばり、冷蔵室で15分ほど漬けながら冷やす。

なす

油と相性のいいなすは、ごま油やオリーブ油など香り高い油と合わせるのがおすすめ。2品とも、温かくても冷めてもおいしいサラダです。

1人分 107kcal、食物繊維2.9g

焼く前に油をからめるのが
油量を抑えるコツ

焼きなすのマリネ

材料(2人分)
なす… 3個(250g)
オリーブ油…大さじ1
味だれ 5
ハニーオニオンだれ…大さじ2

作り方
1 なすは1.5cm厚さの輪切りにし、水にさらしてアクを抜く。水けをふきとってポリ袋に入れ、オリーブ油を加えてからめる。

2 フライパンを中火で熱し、1を両面に焼き色がつくまで焼いて火を止める。味だれを加えてよくまぜ、15分ほどおく。

味だれに干ししいたけの
うまみをプラス

なすの
揚げびたし風サラダ

材料(2人分)
なす… 3個(250g)
干ししいたけ(スライス)… 2g
A 酒…大さじ1
　水…大さじ2
B **味だれ 2**
　しょうゆにらだれ…大さじ2
　赤とうがらしの小口切り…½本分
　ごま油…大さじ½

作り方
1 耐熱ボウルに干ししいたけとAを入れてラップをふんわりとかけ、電子レンジで1分加熱する。そのまま1分おいてBを加えまぜる。

2 なすはへたを切り落として1個ずつラップで包み、電子レンジで4分加熱する。ラップごと水にさらし、手で縦に2～4等分に裂き、1に漬けてなじませる。

1人分 71kcal、食物繊維3.3g

グリーンアスパラガス

熱いうちにたれをからめると
味がよくなじむ

アスパラのハニー
オニオンサラダ

材料(2人分)
グリーンアスパラガス… 6本(200g)
味だれ 5
ハニーオニオンだれ…大さじ2

作り方

1 アスパラは根元5mmほどを切り落とし、長さを
  4等分に切る。

2 耐熱ボウルに入れ、ラップをふんわりとかけて
  電子レンジで2分加熱し、味だれを加えてあえ
  る。

太めのアスパラガスはそれだけで存在感がある
ので、加熱してたれをからめるだけでOK。チ
ーズをかけたホットサラダはおつまみにも。

1人分 52kcal、食物繊維1.9g

バーニャカウダソースで
濃厚な味わいに

焼きアスパラの
チーズソース
サラダ

材料(2人分)
グリーンアスパラガス… 6本(200g)
ピザ用チーズ…50g
塩…小さじ¼
オリーブ油…小さじ1
味だれ 4
バーニャだれ…大さじ2

作り方

1 アスパラは根元5mmほどを切り落とす。

2 塩とオリーブ油をからめて耐熱皿に並
  べ、ピザ用チーズを散らす。オーブント
  ースターでチーズがとけるまで10分ほど
  焼き、味だれをかける。

1人分 180kcal、食物繊維2.1g

もやし

下ごしらえはレンジで簡単。どんな味にも合うので、しょうゆにらだれをからめれば和風に、バーニャだれで洋風にしても。

うま塩ねぎだれを活用して5分で完成!

もやしのナムルサラダ

材料(2人分)
もやし… 1袋(200g)

味だれ 3
うま塩ねぎだれ…大さじ4
いり白ごま…小さじ1

作り方

1 耐熱ボウルにもやしを入れ、ラップをふんわりとかけて電子レンジで3分加熱し、そのまま1分おく。

2 あら熱がとれたら水けをしっかりしぼってボウルに入れ、味だれ、ごまを加えてよくあえる。

1人分 **78kcal**、食物繊維**2.0g**

きくらげの上にもやしをのせ、
レンチンしながらもどして時短に

もやしときくらげの ごまドレサラダ

材料(2人分)
もやし… 1袋(200g)
きくらげ(乾燥)… 5g

味だれ 1
ごまみそだれ…大さじ3

作り方

きくらげはぬるま湯で洗い、5分ほどひたす。水けをきって耐熱ボウルに入れ、もやしをのせて水50mlを加える。

ラップをふんわりとかけて電子レンジで3分加熱し、そのまま1分おく。あら熱がとれたら水けをしっかりしぼり、きくらげを5mm幅に切る。ボウルに入れ、味だれを加えてよくあえる。

1人分 **111kcal**、食物繊維**4.3g**

パリッとした食感のピーマンは、生だとみずみずしさが感じられ、焼くとやわらかくなり甘みを発揮します。焼くときは種ごとがおすすめ！

種ごと香ばしく焼くと
おいしさがワンランクアップ

焼きピーマンの
ごまだれサラダ

材料(2人分)
ピーマン… 4個(140g)
味だれ 1
ごまみそだれ…大さじ3
ごま油…大さじ½

作り方
1 ピーマンは種ごと縦半分に切る。

2 フライパンにごま油を中火で熱し、　を両面に焼き色がつくまで焼く。器に盛り、味だれをかける。

1人分 130kcal、食物繊維3.0g

新鮮なピーマンは生でもOK。
横に切って甘みを出す

せん切りピーマンの
和風サラダ

材料(2人分)
ピーマン… 4個(140g)
味だれ 2
しょうゆにらだれ…大さじ2

作り方
1 ピーマンは縦半分に切ってから横に5mm幅に切る。

2 ポリ袋に　と味だれを入れてよくもみ、10分ほどおいてなじませる。

1人分 26kcal、食物繊維1.8g

25

パプリカ

果肉が厚く甘みのあるパプリカは、たれや香味野菜を合わせて味を引き立てると主役級の味わいに。焼いてしょうゆにらだれをかけても。

1人分 **77kcal**、食物繊維**2.3g**

甘みのあるたれを合わせて
口当たりのいい洋風サラダに

パプリカと
ひじきのサラダ

材料(2人分)
パプリカ(赤)… 1個(200g)
長ひじき(乾燥)… 2g
味だれ 5
ハニーオニオンだれ…大さじ3

作り方

1 ひじきはぬるま湯で2〜3回洗う。パプリカは縦・横半分に切ってから縦5mm幅に切る。

2 耐熱ボウルにひじき、パプリカ、水50mlを順に入れ、ラップをふんわりとかけて電子レンジで2分加熱する。水けをきり、味だれを加えてあえる。

香味としてセロリを合わせ、
パプリカの風味をアップ

パプリカの
香味うま塩サラダ

材料(2人分)
パプリカ(赤)… 1個(200g)
セロリ… ½本(60g)
味だれ 3
うま塩ねぎだれ…大さじ3

作り方

1 パプリカは縦半分に切ってから横5mm幅に切る。セロリは斜め薄切りにする。

2 ポリ袋に 1 と味だれを入れてよくもみ、10分ほどおいてなじませる。

1人分 **71kcal**、食物繊維**2.3g**

濃厚ごまだれとかつお節を
からめて、ごまあえ風に

ゴーヤーの
ごまみそサラダ

材料(2人分)
ゴーヤー…½本(150g)
塩…小さじ¼
味だれ 1
ごまみそだれ…大さじ2
かつお節… 2 g

作り方
1 ゴーヤーは縦半分に切ってから5mm厚さに切り、塩を振ってもみ込む。

2 しんなりしたら水けをしっかりしぼってボウルに入れ、かつお節と味だれを加えてあえる。

ゴーヤー

苦みのあるゴーヤーは、かつお節やほたて貝柱などうまみのある乾物を合わせると食べやすくなります。塩もみすれば生でもおいしい。

1人分 **74kcal、食物繊維2.8g**

1人分 **34kcal、食物繊維2.0g**

ほたてといっしょにレンチンして
うまみを吸わせる

ゴーヤーのうまだし
しょうゆサラダ

材料(2人分)
ゴーヤー…½本(150g)
ほたて貝柱(乾燥)… 2 個(6 g)
酒…大さじ1
塩…小さじ¼
味だれ 2
しょうゆにらだれ…大さじ1

作り方
1 耐熱ボウルに貝柱を入れて酒を振り、ラップをふんわりとかけて電子レンジで1分加熱する。あら熱がとれたらほぐす。

2 ゴーヤーは縦半分に切ってから長さを4等分、縦7mm幅に切り、塩を振ってもみ込み、しんなりしたら水けをしっかりしぼる。 1 に加えてよくまぜ、ラップをふんわりとかけてレンジで1分30秒加熱し、味だれを加えてよくまぜる。

キャベツ

生でも加熱してもおいしいキャベツ。シンプルな
コールスローは味だれだけで、レンチン加熱した
ホットサラダは食材をひとつ足して味わいアップ。

香ばしい桜えびをプラスして
風味を変化

キャベツの台湾風サラダ

材料(2人分)
キャベツ…¼個(300g)
桜えび… 3 g

味だれ ③
うま塩ねぎだれ…大さじ3

作り方

キャベツは食べやすい大きさにちぎり、軸は薄
切りにする。

耐熱ボウルに桜えび、キャベツを順に入れ、ラ
ップをふんわりとかけて電子レンジで3分加熱
し、味だれを加えてあえる。

1人分 **75kcal**、食物繊維**2.9g**

大きい葉をレンチンで加熱。
バーニャカウダ風だれでリッチな味わい

キャベツとハムの
クリームサラダ

材料(2人分)
キャベツ…外葉4枚(240g)
ハム…4枚
味だれ 4
バーニャだれ…大さじ2

作り方

1 キャベツは縦半分に切り、軸はそぐように薄切りにして耐熱皿に入れ、ラップをふんわりとかけて電子レンジで2分加熱し、あら熱をとる。

2 キャベツを2枚重ねてハム1枚と軸適量をのせ、くるくると巻く。残りも同様に作り、横半分に切る。器に盛り、味だれをかける。

1人分 130kcal、食物繊維2.5g

1人分 78kcal、食物繊維2.9g

定番サラダも味だれがあれば
味がすぐ決まって簡単!

キャベツの
コールスロー

材料(2人分)
キャベツ…¼個(300g)
塩…小さじ⅓
味だれ 5
ハニーオニオンだれ…大さじ3

作り方

1 キャベツは5mm幅のせん切りにしてボウルに入れ、塩を振ってまぜ、しんなりしたら水けをしっかりしぼる。

2 味だれを加えてよくまぜる。

ズッキーニ

切り方で食感や見え方が変わるズッキーニは、薄切りにして漬け物風、香ばしく焼いて甘ずっぱいホットサラダなど、幅広く楽しめます。

1人分 111kcal、食物繊維2.5g

香ばしいズッキーニとさわやかな酸味のキウイが合う!
焼きズッキーニのさっぱりサラダ

材料(2人分)
ズッキーニ … 1本(150g)
キウイ … 1個(100g)
オリーブ油 … 大さじ½
味だれ 5
ハニーオニオンだれ … 大さじ3

作り方
1 ズッキーニは長さを3等分に切ってから縦4等分に切り、オリーブ油をからめる。キウイは縦8等分に切る。

2 フライパンを中火で熱し、ズッキーニを焼き色がつくまで焼く。あら熱がとれたら、味だれ、キウイを加えてあえる。

薄切り→塩もみの非加熱調理。たれひとつでナムル風に
ズッキーニのナムルサラダ

材料(2人分)
ズッキーニ … 1本(150g)
塩 … 小さじ¼
味だれ 3
うま塩ねぎだれ … 大さじ2

作り方
1 ズッキーニはスライサーなどで薄い輪切りにし、塩をまぶして水けをしっかりしぼる。

2 ボウルに 1 と味だれを入れてよくまぜる。

1人分 38kcal、食物繊維1.2g

ごま油で香ばしく焼きつけ、
たれをかけてでき上がり!

かぶの焼きびたし風サラダ

材料(2人分)
かぶ… 2個(300g)
味だれ 2
しょうゆにらだれ…大さじ2
ごま油…大さじ½

作り方

1 かぶは茎を3cm残して皮ごと縦6等分に切る。葉は5cm幅に切る。

2 フライパンにごま油を中火で熱してかぶを入れ、全面に焼き色がついたら葉を加え、ふたをして2分焼く。器に盛り、味だれをかける。

かぶ

みずみずしくクセの少ないかぶは、焼くと甘みを増します。フルーツとも好相性。葉は捨てることなく、色のアクセントに使いましょう。

1人分 **65kcal**、食物繊維**2.4g**

1人分 **98kcal**、食物繊維**3.0g**

ハニーオニオンだれで
かぶとフルーツがおいしくマッチ

かぶとグレープフルーツのマリネサラダ

材料(2人分)
かぶ… 2個(300g)
グレープフルーツ… 1個
塩…小さじ¼
味だれ 5
ハニーオニオンだれ…大さじ2

作り方

1 かぶは皮ごとスライサーなどで薄い輪切りにする。葉は1cm幅に切り、塩を振ってまぜ、しんなりしたら水けをしっかりしぼる。グレープフルーツは皮と薄皮をむく。

2 ボウルに 1 と味だれを入れてよくまぜる。

白菜

冬場の肉厚の白菜は、なべだけでなくサラダもおすすめ。レンチン加熱した白菜には、しょうゆにらだれやうま塩ねぎだれも合います。

1人分 **116kcal**、食物繊維**3.3g**

大ぶりに切って5分レンチン。
ごちそうサラダに

白菜の
バンバンジー風
サラダ

材料(2人分)
白菜…⅛個(300g)
酒…大さじ1
味だれ①
ごまみそだれ…大さじ3

作り方

1 白菜は根元に縦に切り込みを入れ、横半分に切り、耐熱皿にのせる。酒を回しかけ、ラップをふんわりとかけて電子レンジで5分加熱し、そのまま3分おく。

2 水けをきって器に盛り、味だれをかける。

白菜は塩もみでシャキシャキ。
豆の食感がアクセント

白菜とひよこ豆の
サラダ

材料(2人分)
白菜…⅛個(300g)
ひよこ豆(ドライパック)…50g
塩…小さじ½
味だれ⑤
ハニーオニオンだれ…大さじ3

作り方

1 白菜は横7mm幅に切り、ボウルに入れて塩をまぶし、しんなりしたら水けをしぼる。

2 ボウルに1とひよこ豆、味だれを入れてよくまぜる。

1人分 **104kcal**、食物繊維**5.0g**

味だれを使えば、いためサラダも楽ちん!

ごぼうの
きんぴら風サラダ

独特の香りがするごぼうは、風味を生かしてシンプルに。定番のきんぴらも味だれでサラダに仕上げます。2品ともお弁当にもおすすめ。

材料(2人分)
ごぼう … ½本(150g)

味だれ 2
しょうゆにらだれ…大さじ2½
赤とうがらしの小口切り…小さじ½
ごま油…大さじ½

作り方
1 ごぼうは縦半分に切ってから斜め薄切りにし、水にさらして水けをきる。

2 フライパンにごま油と赤とうがらしを入れて中火で熱し、1をいためる。しんなりしたら、味だれを加えてからめるようにいためる。

1人分 **84kcal**、食物繊維**4.5g**

ナッツが入ることで
不思議と洋風の味わいに

ごぼうとナッツの
ごまだれサラダ

材料(2人分)
ごぼう … ½本(150g)
ミックスナッツ
　(ローストしたもの)…50g

味だれ 1
ごまみそだれ…大さじ2

作り方
1 ごぼうは4cm長さに切り、水にさらして水けをきる。耐熱ボウルに入れ、ラップをふんわりとかけて電子レンジで5分加熱し、あら熱がとれるまでそのままおく。

2 1を食べやすい大きさに裂き、水けをしっかりきってボウルに入れ、あらく砕いたナッツ、味だれを加えてあえる。

1人分 **254kcal**、食物繊維**7.5g**

にんじん

にんじんをサラダにするときは、加熱しすぎず食感を楽しむようにアレンジします。レンチンも短時間でOK。生のときは細めのせん切りに。

1人分 79kcal、食物繊維2.4g

オレンジを合わせて
人気総菜を味だれで!

キャロットラペ

材料(2人分)
にんじん… 1本(150g)
オレンジ… 1個
塩…小さじ¼
味だれ 5
ハニーオニオンだれ…大さじ2

5

作り方
1 にんじんはスライサーなどでせん切りにし、塩をまぶしてしんなりしたら水けをしっかりしぼる。オレンジは皮と薄皮をむく。

2 ボウルに 1、味だれ、あればシナモンパウダーを加えてよくまぜる。

ねぎ塩が甘いにんじんに
からんで、うまみのある副菜に

にんじんの
うま塩サラダ

材料(2人分)
にんじん… 1本(150g)
味だれ 3
うま塩ねぎだれ…大さじ2½

3

作り方
1 にんじんはスライサーなどで薄い輪切りにする。

2 耐熱ボウルに 1 と味だれ大さじ½を入れてよくまぜ、ラップをせずに電子レンジで3分加熱し、残りの味だれを加えてまぜる。

1人分 55kcal、食物繊維2.0g

下ゆではレンジで。
互い違いにして包むのがコツ

小松菜の
ごまドレサラダ

材料(2人分)

小松菜… 1束(200g)

味だれ 1

ごまみそだれ…大さじ2

作り方

1 ラップを広げて小松菜を半量ずつ互い違いになるようにして包み、電子レンジで2分30秒加熱し、そのまま1分おく。あら熱がとれたら茎は4cm長さ、葉は1.5cm幅に切り、水けをしっかりしぼる。

2 ボウルに 1 と味だれを入れてよくまぜる。

クセの少ない小松菜は、どの味だれともなじみます。レンジで下ゆで、またはオイルでいためて火を通し、好みの味だれで楽しんで。

1人分 72kcal、食物繊維2.8g

1人分 55kcal、食物繊維2.0g

にらと桜えびの風味が加わった
香ばしいためサラダ

小松菜と桜えびの
和風サラダ

材料(2人分)

小松菜… 1束(200g)

桜えび… 3g

味だれ 2

しょうゆにらだれ…大さじ2

ごま油…大さじ½

作り方

1 小松菜は茎は5cm長さ、葉は1.5cm幅に切る。

2 フライパンにごま油と桜えびを入れて中火でいため、香りが立ったら小松菜を加えて強めの中火でさっといため、味だれを加えてからめる。

大根

みずみずしい大根は、生だとシャキシャキ食感を
楽しめて、加熱するとジューシーになります。レ
ンジ加熱のあとは5分おくのがポイント！

にらがからまって味がよくなじむ

大根の
ハリハリサラダ

材料(2人分)
大根…¼本(300g)
塩…小さじ⅓
味だれ 3
しょうゆにらだれ…大さじ2½

作り方

大根はスライサーなどでごく薄い輪切り
にして塩をまぶし、しんなりしたら水け
をしっかりしぼる。

ボウルに　と味だれを入れてよくまぜる。

1人分 36kcal、食物繊維2.1g

バーニャカウダ風だれで洋風のふろふきに

ふろふき大根風サラダ

材料(2人分)
大根…¼本(300g)
刻み昆布…3g
酒…大さじ1
味だれ 4　バーニャだれ…大さじ3

作り方

大根は厚さを4等分に切って皮を厚めにむき、両面に1カ
所ずつ十文字になるように隠し包丁を入れる。

耐熱皿に入れて刻み昆布をのせ、酒を回しかける。ラップ
をふんわりとかけて電子レンジで5分加熱し、そのまま5
分おく。水けをきって器に盛り、味だれをかける。

1人分 126kcal、食物繊維3.0g

どろっとした味だれは
そのままディップにも!

ブロッコリーの
ホットディップサラダ

材料(2人分)
ブロッコリー…½個(200g)
塩…小さじ¼
あらびき黒こしょう…少々
味だれ 4
バーニャだれ…大さじ3

作り方

1 ブロッコリーは小房に分け、大きければ縦半
　分に切る。茎はかたい部分を切り落として7
　mm厚さの輪切りにする。

2 耐熱ボウルに入れて塩を振り、ラップをふん
　わりとかけて電子レンジで3分加熱する。水
　けをきって黒こしょうを振り、器に盛って味
　だれを添える。

ブロッコリー

ブロッコリーはレンジ加熱して、コリッとした
食感を保つのがサラダに適しています。茎もお
いしいので、残さず使いましょう

1人分 131kcal、食物繊維5.5g

1人分 56kcal、食物繊維5.2g

レンジ加熱しながら
じゃこの風味をしっかりつける

ブロッコリーと
じゃこの
和風サラダ

材料(2人分)
ブロッコリー…½個(200g)
ちりめんじゃこ…8g
味だれ 2
しょうゆにらだれ…大さじ2

作り方

1 ブロッコリーは小房に分け、大きければ縦半
　分に切る。茎はかたい部分を切り落として1
　cm厚さの輪切りにする。

2 耐熱ボウルにじゃこ、ブロッコリーを順に入
　れ、ラップをふんわりとかけて電子レンジで
　3分加熱し、味だれを加えてよくまぜる。

かぼちゃ

かぼちゃは加熱方法によって食感や風味が変化します。合わせるたれによって下ごしらえを工夫すると、バリエーションがたくさん！

1人分 **147kcal**、食物繊維**3.6g**

まぶしたかつお節のうまみで
かぼちゃの甘みが引き立つ

焼きかぼちゃの
にらだれがけ

材料(2人分)
かぼちゃ…⅛個(正味200g)
かつお節…3g
味だれ②
しょうゆにらだれ…大さじ2
サラダ油…大さじ1

作り方

1 かぼちゃは横半分に切ってから縦7mm厚さに切る。

2 フライパンにサラダ油を中火で熱し、かぼちゃを焼く。全体に焼き色がついたらかつお節をまぶし、器に盛って味だれをかける。

甘ずっぱいりんごとレーズンが
加わって、意外にもさっぱり！

かぼちゃとりんごの
サラダ

材料(2人分)
かぼちゃ…⅛個(正味200g)
りんご…¼個
レーズン…30g
味だれ④
バーニャだれ…大さじ3

作り方

1 かぼちゃは皮をところどころこそげて1.5cm角に切る。りんごは縦半分に切ってから横5mm幅に切り、塩水(分量外)につけて水けをきる。

2 耐熱ボウルにかぼちゃを入れ、ラップをふんわりとかけて電子レンジで5分加熱し、そのまま3分おく。レーズン、りんご、味だれを加えてよくまぜる。

1人分 **234kcal**、食物繊維**4.9g**

味だれをまぶしてレンチン。
見た目より味はしっかり!

じゃがいもの
シンプルサラダ

切り方によって食感が変化。まるごとのときは
しっかり加熱してホクホクに、薄切りやせん切り
のときは少し食感が残る程度に加熱します。

材料(2人分)

じゃがいも… 2個(300g)

味だれ 5

ハニーオニオンだれ…大さじ4

ドライバジル…小さじ¼

作り方

1 じゃがいもはスライサーなどで薄い輪切りにし、耐熱ボウルに入れて味だれ大さじ1を加えてあえる。ラップをふんわりとかけて電子レンジで5分加熱し、そのまま3分おく。

2 残りの味だれ、ドライバジルを加えてざっくりまぜる。

1人分 151kcal、食物繊維13.6g

1人分 145kcal、食物繊維13.6g

じゃこといっしょにレンチンして
うまみをプラス

じゃがいもと
じゃこの
ナムルサラダ

材料(2人分)

じゃがいも… 2個(300g)

ちりめんじゃこ… 5g

味だれ 3

うま塩ねぎだれ…大さじ4

作り方

1 じゃがいもはスライサーなどでせん切りにし、洗って水けを軽くきる。

2 耐熱ボウルにじゃこ、じゃがいもを順に入れ、ラップをふんわりとかけて電子レンジで3分30秒加熱する。すぐにとり出し、味だれを加えてよくまぜる。

さつまいも

甘くて、焼くと香ばしいさつまいもは、合わせるたれによって和風・洋風と幅広く楽しめます。ホクホクの1本加熱もレンジで簡単に!

1人分 **374kcal**、食物繊維**5.4g**

皮を少しむいてレンジ加熱で
驚きのホクホク感!

さつまいもとナッツの さっぱりサラダ

材料(2人分)
さつまいも … 1本(300g)
ミックスナッツ(ローストずみ)…30g
レーズン…30g
味だれ 5　ハニーオニオンだれ…大さじ3

作り方

1　さつまいもはピーラーなどで皮を間をあけて縦に3カ所むき、さっと水にくぐらせてラップで包む。電子レンジで4分加熱し、上下を返してさらに2分加熱し、そのまま5分おく。

2　ボウルに入れ、レーズン、あらめに砕いたナッツ、味だれを加え、さつまいもをくずしながらまぜる。

間違いないバター&しょうゆ味を
たれでよりおいしく

さつまいもの 甘辛サラダ

材料(2人分)
さつまいも … 1本(300g)
味だれ 2
しょうゆにらだれ…大さじ2
バター…15g

作り方

さつまいもは1cm厚さの輪切りにし、水にさらして水けをふきとる。

フライパンにバターを中火で熱し、1を並べる。焼き色がついたら上下を返し、ふたをして弱火で3分焼き、竹串がスッと刺さったら器に盛り、味だれをかける。

1人分 **253kcal**、食物繊維**3.4g**

オイルサーディンを合わせた
簡単ボリュームサラダ

きのこと小いわしの
サラダ

材料(2人分)

しいたけ… 1 パック(150g)
まいたけ… 1 パック(100g)
オイルサーディン缶… 1 缶(100g)
水菜…⅓束(70g)
味だれ 5　ハニーオニオンだれ…大さじ 4
オリーブ油…大さじ½

作り方

1 しいたけは半分に切り、まいたけは大きめにほぐす。
オイルサーディンは油をきる。水菜は 5 cm長さに切
ってさっと洗い、水けをきって冷蔵室で15分以上冷
やす。

2 フライパンにオリーブ油を強めの中火で熱し、きの
こを焼き色がつくまで焼きつけ、オイルサーディン
を加えてさっと焼き、味だれを加えてあえる。あら
熱がとれたら、水菜を加えてあえる。

きのこ

種類によって食感や風味が異なるきのこは、数
種類合わせるとうまみが増します。どのたれで
も合うので、いろいろ組み合わせて楽しんで。

1人分 302kcal、食物繊維6.7g

きのこにたれをからめると
にらは主張せず脇役に

きのこの和風
マリネサラダ

材料(2人分)

しめじ… 2 パック(200g)
エリンギ… 1 パック(100g)
味だれ 2　しょうゆにらだれ…大さじ 2
ごま油…大さじ½

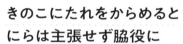

作り方

1 しめじは大きめにほぐし、エリンギは長さを半分
に切ってから縦 4 等分に切る。

2 耐熱ボウルに入れ、ラップをふんわりとかけて電
子レンジで 5 分加熱し、そのまま 1 分おく。味だ
れとごま油を加えてよくまぜ、15分以上おく。

1人分 79kcal、食物繊維4.8g

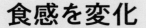

Column

トッピング＆味たし調味料で味変

味だれに手軽な食材や調味料をプラスすると
また違った味わいになって幅広く楽しめます。

食感を変化

ごまは、しょうゆにらだれや
うま塩ねぎだれに加えて使う
と、香ばしさと風味が高まる

落花生やミックスナッ
ツ、ひよこ豆などの豆
類は、コリッとした食
感をプラス

レーズンなどの甘ずっ
ぱいドライフルーツ
は、さつまいもやかぼ
ちゃなど甘い食材に合
わせるのがおすすめ

味をちょい変え

味だれに調味料をひとつ加えると、また違った
風味を楽しめます。

食べるラー油
かけるだけで、ピリ辛
＆香ばしい中華味に

コチュジャン
味だれにまぜて甘辛の
韓国風に

マヨネーズ
マイルドになって、さ
らにコク増し

バター
食材を焼くときに使っ
て、うまみをアップ

ナンプラー
独特の風味で即エスニ
ック味に！

PART 2

たんぱく質もとれる！
おかずサラダ

肉や魚、とうふ、卵などのたんぱく質食材を加えたサラダは、
栄養バランスがよくワンプレートで満足感を得られます。
パンなど主食を合わせれば立派な1食に！
1品で1日に必要な野菜量の半分（175g）以上
とることができるレシピを紹介します。

肉

大ぶりのトマトとなすがたっぷり。
野菜が主役のいためサラダ

カチャトーラ風温サラダ

材料(2人分)

鶏もも肉…1枚
トマト…小2個(200g)
なす…2個(170g)
塩…小さじ¼
あらびき黒こしょう…少々
小麦粉…大さじ½
味だれ④
バーニャだれ…大さじ3
オリーブ油…大さじ1

2人分で計370g！

作り方

1 鶏肉はキッチンペーパーで水けをしっか
りふきとって一口大に切り、塩、黒こし
ょう、小麦粉を順にまぶす。トマトは大
きめの乱切り、なすは1.5㎝厚さの輪切
りにする。

2 フライパンにオリーブ油を中火で熱し、
なす、鶏肉(皮目を下に)を入れて焼きつ
ける。上下を返してふたをし、弱めの中
火で3分焼き、トマトと味だれを加えて
強火で焼く。

1人分 475kcal、食物繊維3.3g

Point!

トマトと味だれを加えたら強火に
し、フツフツさせながら汁けをと
ばすように焼きつけます。

味だれがあればあっという間！
野菜をたっぷり敷いて、肉で包みながらどうぞ

豚しゃぶサラダ

材料(2人分)

豚ロース薄切り肉(しゃぶしゃぶ用)…200g
大根…1/6本(200g)
水菜…1/2束(100g)
にんじん…1/3本(50g)
味だれ①
ごまみそだれ…大さじ3

2人分で計350g！

作り方

1 大根、にんじんはスライサーなどでせん切りにし、水菜は長さを合わせて切る。合わせて水にさらし、水けをしっかりきり、冷蔵室で15分以上冷やして器に盛る。

2 なべに湯を沸かし、弱火にして豚肉を広げながら入れ、色が変わったら水にさらし、水けをしっかりきる。1にのせて味だれをかける。

1人分　**370kcal**、食物繊維**4.7g**

46

1人分 273kcal、食物繊維5.2g

香ばしい焼き色がついた温サラダ。
冷めてもおいしいからお弁当にもおすすめ

カリフラワーとスナップえんどうとウインナの焼きサラダ

材料(2人分)
カリフラワー…½個(250g)
スナップえんどう…10本(100g)
ウインナソーセージ…1袋(4〜5本)
味だれ③
うま塩ねぎだれ…大さじ4
バター…10g

2人分で計350g！

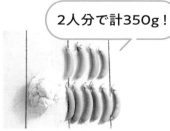

作り方

1 カリフラワーは小房に分け、大きければ縦半分に切る。スナップえんどうは筋をとり除く。ウインナは斜め半分に切る。

2 フライパンにバターとウインナを入れて中火でいため、ウインナの脂が出てきたらカリフラワー、スナップえんどうを加えてふたをする。ときどきまぜて2分ほどいため、味だれを加えて汁けをとばすように強めの中火でいためる。

1人分 **249kcal、**食物繊維**5.3g**

大きめに切ったれんこんは食べごたえ抜群。
味だれのねぎがからまり、一体感のある仕上がりに

ささ身とれんこんのサラダ

材料(2人分)

鶏ささ身…3〜4本(200g)
れんこん…1節(200g)
ねぎ…1本(120g)
水菜…½束(100g)
塩…小さじ¼
味だれ③ うま塩ねぎだれ…大さじ4

2人分で計420g！

作り方

1 ささ身は筋をとり除き、塩を振る。れんこんは7mm厚さの半月切りにし、水にさらして水けをふきとる。ねぎは3cm長さに切る。

2 水菜は5cm長さに切って水にさらし、水けをしっかりきって冷蔵室で15分以上冷やし、器に盛る。

3 耐熱皿にれんこん、ささ身、ねぎを順にのせ、ラップをふんわりとかけて電子レンジで5分加熱し、そのまま2分おく。あら熱がとれたらささ身を食べやすい大きさに裂き、軽く水けをきって味だれを加えてあえ、2にのせる。

ごぼうの香りが加わって少し和風に。
おなかも大満足の主菜になるサラダ

ジャーマンポテトサラダ

材料(2人分)

じゃがいも… 2個(300g)
ごぼう…½本(150g)
ブロックベーコン…120g
温泉卵… 1個
味だれ④
バーニャだれ…大さじ3
オリーブ油…大さじ1

2人分で計450g！

作り方

1 じゃがいもは皮つきのまま1.5cm角に切る。ごぼうはじゃがいもの大きさに合わせて乱切りにし、水にさらして水けをふきとる。ベーコンは1cm角に切る。

2 フライパンにオリーブ油とベーコンを入れて中火でいためる。ベーコンの脂が出てきたらごぼうとじゃがいもを加えていため合わせ、ふたをしてときどきまぜながら3〜5分いためる。

3 じゃがいもに竹串を刺して火が通っていたら味だれを加え、強めの中火で全体にからめて器に盛る。温泉卵をのせ、好みであらびき黒こしょうを振る。

1人分 **555kcal**、食物繊維**18.1g**

ハニーオニオン＋グレープフルーツでさわやかに。
春の香る野菜がよく合います！

鶏ひき肉と春野菜の
シトラスサラダ

1人分 293kcal、食物繊維9.1g

材料(2人分)

鶏ひき肉…150g
菜の花… 1束(150g)
ブロッコリー…½個(200g)
グレープフルーツ… 1個
味だれ⑤
ハニーオニオンだれ…大さじ4

2人分で
計350g！

作り方

1 菜の花は根元を5mmほど切り落とし、長さを半分に切る。ブロッコリーは小房に分け、大きければ縦半分に切る。グレープフルーツは皮と薄皮をむく。

2 ひき肉に味だれ大さじ1½を加えてよくまぜる。

3 耐熱皿にブロッコリー、菜の花を順にのせ、2を散らす。ラップをふんわりとかけて電子レンジで4分加熱し、そのまま1分おく。残りの味だれ、グレープフルーツを加えてまぜる。

バーニャカウダ風だれ＋ドライバジルでタイの味！
メインおかずになるボリュームサラダ

ガパオ風温サラダ

材料(2人分)

鶏むね肉… 1枚
パプリカ(赤)… 1個(200g)
玉ねぎ… 1個(200g)

味だれ④

バーニャだれ… 大さじ4
ドライバジル… 小さじ¼
オリーブ油… 大さじ½

2人分で計400g！

作り方

1 鶏肉はキッチンペーパーで水けをしっかりふきとり、一口大のそぎ切りにする。パプリカ、玉ねぎは大きめの乱切りにする。

2 フライパンにオリーブ油を中火で熱し、鶏肉をいためる。表面の色が変わったら玉ねぎ、パプリカ、味だれ、ドライバジルを順に加え、汁けをとばすように強めの中火でいためる。

1人分 413kcal、食物繊維3.7g

＋コチュジャンで
韓国風

1人分 **458kcal、**食物繊維**4.7g**

カリッカリに揚げた豚肉が香ばしい!
味だれにしゅんぎくの茎を加えて風味アップ

揚げ里いもと豚の韓国風サラダ

材料(2人分)

豚バラ薄切り肉…150g
里いも…3〜4個(250g)
しゅんぎく…½束(100g)
かたくり粉…大さじ2
塩…小さじ¼
こしょう…少々
A 味だれ② しょうゆにらだれ…大さじ3
　　コチュジャン…小さじ1
揚げ油…適量

2人分で
計350g!

作り方

1 里いもは7mm厚さの輪切りにし、かたくり粉大さじ1をまぶす。豚肉は塩、こしょうを振り、かたくり粉大さじ1をまぶす。しゅんぎくは葉を摘んで水にさらし、水けをきって冷蔵室で冷やし、器に盛る。

2 しゅんぎくの茎は小口切りにしてボウルに入れ、Aを加えてまぜる。

3 フライパンに深さ1cmまで揚げ油を入れて170度に熱し、里いもを片面1分30秒ずつ揚げてとり出す。続けて豚肉を広げて入れ、カリカリになるまで揚げてバットにとり出し、油をよくきる。1にのせ、2をかける。

+ 食べるラー油で
中華風

1人分 **406kcal**、食物繊維**4.4g**

中華の人気メニューも味だれで！
具だくさんの「食べるラー油」でピリ辛アレンジ

よだれ鶏風サラダ

材料(2人分)

鶏むね肉… 1枚(300g)
きゅうり… 2本(240g)
セロリ… 1本(120g)
塩…小さじ¼
酒…大さじ1
A | 味だれ②　しょうゆにらだれ…大さじ2
　　食べるラー油…大さじ2
皮つきピーナッツ(あらめに砕く)…30g

2人分で
計360g！

作り方

1 きゅうりは長さを4等分に切り、めん棒でたたいて食べやすい大きさに裂く。セロリは5mm厚さの斜め切りにする。

2 鶏肉はキッチンペーパーで水けをしっかりふきとり、塩を振って耐熱皿にのせる。セロリの葉適量をのせ、酒を回しかけ、ラップをふんわりとかけて電子レンジで3分加熱する。上下を返してさらに1分加熱し、あら熱がとれるまでおく。

3 ボウルに2の蒸し汁大さじ1とAを入れてよくまぜる。

4 器にきゅうりとセロリを広げて盛り、鶏肉を7mm厚さに切ってのせる。3をかけてピーナッツを散らし、好みでパクチーをのせる。

魚介

香味のセロリがアクセント!
濃厚クリームといもの甘みがあとを引きます

サーモンとさつまいもの
クリームサラダ

材料(2人分)

サーモン… 2切れ(240g)
さつまいも… 1本(300g)
セロリ… 1本(120g)
塩、あらびき黒こしょう…少々
小麦粉…大さじ½
味だれ④
バーニャだれ…大さじ3
バター…10g

作り方

1 さつまいもは皮ごと1cm厚さに切り、水にさらしてキッチンペーパーで水けをおさえる。セロリは斜め薄切りにする。サーモンはキッチンペーパーで水けをしっかりふきとり、3等分に切って塩、黒こしょうを振り、小麦粉をまぶす。

2 フライパンにバターを中火で熱し、サーモンとさつまいもを並べて焼きつけ、上下を返してセロリをのせる。ふたをして弱めの中火で3分蒸し焼きにし、ざっとまぜて器に盛り、味だれをかける。

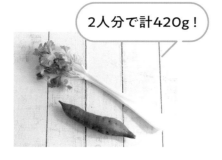

2人分で計420g!

Point!

セロリは広げてのせて蒸し焼きにすると焦げつかず、香味が全体に行き渡ります。

1人分 594kcal、食物繊維4.7g

甘辛味のみりん干しを活用した和風サラダ。
長いもは大きめに切ってホクホク食感に

長いもとさばのみりん干しのサラダ

材料(2人分)

長いも…200g

ねぎ…1本(120g)

さばのみりん干し…1尾(200g)

味だれ③

うま塩ねぎだれ…大さじ4

③

たれのねぎも加えて
**2人分で
350g以上に!**

作り方

1　長いもは1.5cm角、5cm長さの棒状に切る。ねぎは4cm長さに切る。

2　魚焼きグリルにさばのみりん干し、1を入れて弱火で6〜7分焼き、焼けた順にとり出してあら熱をとる。

3　さばの骨と皮をとり除いてあらめにほぐし、ボウルに入れ、長いも、ねぎ、味だれを加えてあえる。

具を甘めのたれであえてコク増し。
夏野菜たっぷりの元気サラダ

いかとズッキーニ、ミニトマトのサラダ

材料(2人分)

いか…1ぱい(150g)
ズッキーニ…1本(150g)
ミニトマト…15個(225g)
塩…小さじ¼

味だれ⑤
ハニーオニオンだれ…大さじ4

2人分で計375g！

作り方

1 ズッキーニはスライサーなどで薄切りにして塩をまぶし、しんなりしたら水けをしっかりしぼる。ミニトマトは横半分に切る。

2 いかはわたと軟骨をとり除き、胴は1cm幅、足は吸盤をこそげ落として長さを4等分に切る。なべに湯を沸かしてさっとゆで、水けをしっかりきって熱いうちにボウルに入れる。味だれを加えてあえ、1を加えてあえる。

1人分 165kcal、食物繊維2.8g

1人分 181kcal、食物繊維5.1g

かば焼き缶を活用した、おつまみにもなる一品。
温かくても、冷めてもおいしい

さんまと大根の焼きサラダ

材料(2人分)
さんまかば焼き缶… 1缶(100g)
大根…1/4本(300g)
しいたけ… 1パック(150g)
味だれ②　**しょうゆにらだれ…大さじ3**
ごま油…小さじ1

2人分で
計450g！

作り方

1　大根は1cm厚さの半月切りにする。耐熱皿にのせてラップをふんわりとかけて、電子レンジで5分加熱し、そのまま1分おく。しいたけは半分に切る。

2　フライパンにごま油を中火で熱し、さんまのかば焼きを入れて大きめにほぐしながら香ばしく焼きつける。1、缶汁を加え、ふたをして途中で上下を返しながら3分ほど焼く。器に盛り、味だれをかける。

味だれにプラスして
味わいリッチ

＋コチュジャンで
韓国風

ピリ辛の韓国みそが加わって、より濃厚に。
かぼちゃの甘みとよく合います

かじきとかぼちゃの
韓国風温サラダ

材料(2人分)

めかじき… 2切れ(240g)
かぼちゃ…⅛個(正味200g)
玉ねぎ… 1個(200g)
小麦粉…大さじ½
A｜**味だれ①　ごまみそだれ**…大さじ2
　｜コチュジャン… 大さじ1
ごま油…大さじ1

2人分で計400g！

作り方

1　かぼちゃは7mm厚さに切り、玉ねぎは1.5cm厚さのくし形切りにする。めかじきはキッチンペーパーで水けをしっかりふきとり、3等分に切って小麦粉をまぶす。Aはまぜる。

2　フライパンにごま油を中火で熱し、めかじきとかぼちゃを焼き色がつくまで焼きつける。上下を返して玉ねぎを加え、ふたをして途中でまぜながら3分ほどいため、Aを加えて全体にからめるようにいため合わせる。

1人分 420kcal、食物繊維5.9g

味だれにプラスして
味わいリッチ

＋ラー油で
中華風

| 1人分 | 292kcal、食物繊維4.9g |

ごまだれとしゅんぎくでさばくささが消え
野菜をたっぷり食べられるうまだれに！

白菜としゅんぎくのさばだれサラダ

材料(2人分)
白菜…⅛個(300g)
しゅんぎく…½束(100g)
さば水煮缶…190g
味だれ①
ごまみそだれ…大さじ3
ラー油…適量

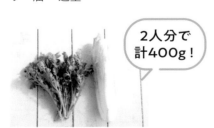

2人分で
計400g！

作り方

1 白菜は横5mm幅に切り、しゅんぎくは葉を摘む。合わせて水にさらし、水けをしっかりきり、冷蔵室で15分以上冷やして器に盛る。

2 しゅんぎくの茎を小口切りにしてボウルに入れ、汁けをきったさば缶、味だれを加えてよくまぜる。1にかけ、ラー油をかける。

+マヨネーズで
洋風

1人分 330kcal、食物繊維11.1g

ブロッコリー1個を使って豪快に！
バゲットといっしょに楽しんでも

えびとブロッコリーの
ガーリックマヨサラダ

材料(2人分)

むきえび(大)…200g
ブロッコリー… 1個(400g)
セロリ…½本(60g)

A | 味だれ④
  | バーニャだれ…大さじ3
  | マヨネーズ…大さじ2

2人分で
計460g！

作り方

1 ブロッコリーは小房に分けてから縦半分に切
る。セロリは茎は斜め薄切り、葉3〜4枚は
せん切りにする。えびはかたくり粉大さじ2
(分量外)をもみ込み、流水で洗って水けをふ
きとる。

2 耐熱皿にえび、ブロッコリー、セロリを順に
のせ、ラップをふんわりとかけて電子レンジ
で5分加熱する。水けをきり、よくまぜたA
を加えてあえる。

61

とうふ

冷ややっこの概念を超えた!?
にらだれをからめた野菜が主役です

野菜たっぷりのっけ
やっこサラダ

材料(2人分)
木綿どうふ… 1丁(350g)
もやし… 1袋(200g)
豆苗… 1袋(120g)
みょうが… 1個(20g)
味だれ2
しょうゆにらだれ…大さじ4

たれのにらも加えて
2人分で
350g以上に!

作り方

1 とうふはざるに上げて水きりする。豆苗は根を切り落として長さを半分に切る。みょうがは縦半分に切ってから縦薄切りにする。

2 耐熱ボウルにもやしを入れ、ラップをふんわりとかけて電子レンジで3分加熱する。豆苗を加えてよくまぜ、あら熱がとれたら水けをしっかりしぼり、みょうが、味だれを加えてあえる。

3 器にとうふを盛り、2をのせる。

Point!

皿の上にざるをのせ、とうふをのせて約15分おきます。水きりしている間に野菜の下ごしらえをすると時短に!

定番の厚揚げ焼きに
いため野菜をたっぷりのせてサラダ風に

厚揚げのゴロゴロ野菜だれ

材料(2人分)

厚揚げ… 1枚(200g)
しめじ…大1パック(200g)
エリンギ… 2本(120g)
三つ葉… 1束(50g)

味だれ③
うま塩ねぎだれ…大さじ4
ごま油…大さじ½

2人分で
計370g！

作り方

1 しめじは大きめにほぐし、エリンギは四つ割りにしてから長さを4等分に切る。三つ葉は根を切り落として3cm長さに切り、茎と葉に分ける。

2 厚揚げは魚焼きグリルやオーブントースターなどで香ばしく焼き、12等分に切って器に盛る。

3 フライパンにごま油を強めの中火で熱し、きのこをいためる。焼き色がついたら味だれと三つ葉の茎を加えてひとまぜし、2にかけて三つ葉の葉をのせる。

1人分 271kcal、食物繊維6.6g

1人分 **196kcal**、食物繊維**8.4g**

加熱は1回5分のレンジだけ。
とうふの水分できくらげをもどし、具に火を通します

いりどうふ風温サラダ

材料(2人分)

木綿どうふ… 1丁(350g)
にんじん…½本(75g)
さやいんげん… 8〜10本(80g)
しめじ…大1パック(200g)
きくらげ… 5g
味だれ②
しょうゆにらだれ…大さじ3

2人分で
計355g！

作り方

1 にんじんはスライサーなどで薄い輪切りにする。いんげんは斜め5等分に切り、しめじはほぐす。きくらげはぬるま湯で洗う。

2 耐熱皿にキッチンペーパーを敷いてきくらげ、にんじん、しめじをのせる。それをおおうようにとうふをくずしてのせ、ラップをせずに電子レンジで5分加熱する。

3 キッチンペーパーをはずし、いんげんを加えてざっくりとまぜ、あら熱がとれたら水けをきり、味だれを加えてあえる。

味だれにプラスして
味わいリッチ

＋豆板醤で
中華風

1人分 **249kcal**、食物繊維**5.4g**

トマトのうまみ＆ピリ辛仕上げで
食べるとびっくりマーボー味!

マーボー風トマトサラダ

材料(2人分)

木綿どうふ… 1丁(350g)
トマト…小2個(200g)
きゅうり… 1本(120g)
小ねぎ… 5本(30g)

A | 味だれ①
　 | ごまみそだれ…大さじ3
　 | 豆板醤…小さじ1

作り方

1 とうふはざるに上げて水きりする。トマトは
　大きめの乱切り、きゅうりは長さを半分に切
　ってからピーラーで縦に薄切りにする。

2 小ねぎは小口切りにしてボウルに入れ、Aを
　加えてまぜる。

3 とうふを1.5cm角に切って器に盛り、トマト、
　きゅうりをのせ、2をかける。

2人分で
計350g!

桜えびの香ばしさとナンプラーの風味が加わり、
野菜の甘みが引き立ちます。厚揚げでボリュームも!

厚揚げと野菜のエスニックサラダ

材料(2人分)

厚揚げ… 1枚(200g)

さやいんげん…12本(100g)

パプリカ(黄)… 1個(200g)

玉ねぎ…½個(100g)

桜えび… 3g

味だれ③ うま塩ねぎだれ…大さじ2

ナンプラー…大さじ1

サラダ油…大さじ1

2人分で
計400g!

作り方

1 厚揚げは1.5cm角に切る。いんげんは長さを
半分に切る。パプリカは縦1cm幅、玉ねぎは
1cm厚さに切る。

2 フライパンにサラダ油と桜えびを入れて中火
でいため、厚揚げを加えて転がしながら焼く。

3 厚揚げの全面に焼き色がついたら玉ねぎ、い
んげん、パプリカを加えて1分ほどいため、
味だれ、ナンプラーを加えていため合わせる。

1人分 287kcal、食物繊維4.1g

+ナンプラーで
エスニック風

卵

オムレツだけれどキャベツが主役!
甘めのたれとふわふわ卵をソースにモリモリいけます

キャベツのオムレツサラダ

材料(2人分)
卵… 4 個
キャベツ… ¼個(300g)
玉ねぎ… ½個(100g)
貝割れ菜… 1 パック(50g)
ピザ用チーズ…50g
味だれ⑤
ハニーオニオンだれ…大さじ 4
オリーブ油…大さじ 1

2人分で
計450g!

作り方

1 キャベツはせん切りにし、根を切り落とした貝割れ菜とまぜる。

2 ボウルに卵を割りほぐし、味だれ大さじ 1 ½を加えてまぜる。玉ねぎをごく薄く切って加え、ピザ用チーズも加えてまぜる。

3 フライパンにオリーブ油を中火で熱し、2 を流し入れてまぜながら加熱する。ゆるめのスクランブルエッグ状になったら1 をのせて二つ折りにし、ふたをして弱火で 3 分焼く。器に盛り、残りの味だれをかける。

Point!

卵液にオイル入り味だれをまぜ合わせることで下味がつき、ふんわりと焼き上がります。

1人分　389kcal、食物繊維4.2g

1人分 **157kcal**、食物繊維**3.7g**

ふわふわいり卵から仕上げまでレンジでOK。
うま塩ねぎだれが卵の下味にもなって便利

青菜の菜の花風サラダ

材料(2人分)
卵…2個
小松菜…1束(200g)
ねぎ…1本(120g)
味だれ③
うま塩ねぎだれ…大さじ4

たれのねぎも加えて
**2人分で
350g以上に!**

作り方

1 小松菜は茎は5cm長さ、葉は1.5cm幅に切る。ねぎは1cm厚さの斜め切りにする。

2 耐熱ボウルに卵を割りほぐし、味だれ大さじ1を加えてまぜ、ラップをせずに電子レンジで2分加熱し、ざっくりまぜて大きめのいり卵を作る。

3 **2**に**1**を加えてざっくりとまぜ、ラップをふんわりとかけてさらに3分加熱する。そのまま1分おき、残りの味だれを加えてよくまぜる。

バーニャカウダ風だれをソースに見立てて。
朝ごはんにぴったりのホットサラダに

アスパラの
エッグベネディクト風サラダ

材料(2人分)

卵… 2個
グリーンアスパラガス…10本(300g)
ベビーリーフ… 1袋(50g)
塩、あらびき黒こしょう…各少々

味だれ④

バーニャだれ…大さじ3
オリーブ油…大さじ2

2人分で
計350g！

作り方

1 アスパラは根元5㎜ほどを切り落とす。ベビーリーフは器に盛る。

2 フライパンにオリーブ油大さじ1を中火で熱し、アスパラを並べてうっすら焦げ目がつくまで焼く。塩、黒こしょうを振り、ベビーリーフの上に盛る。

3 フライパンをさっと洗ってオリーブ油大さじ1を中火で熱し、卵を割り入れてまわりがカリッとなるまで焼き、2にのせて味だれをかける。

1人分 308kcal、食物繊維3.8g

定番ポテサラはごまみそだれで!
卵を多めに使ってたんぱく質も補給します

ポテトエッグサラダ

材料(2人分)

ゆで卵… 3個
じゃがいも… 2個(300g)
スナップえんどう…10本(100g)
玉ねぎ…¼個(50g)
味だれ①
ごまみそだれ…大さじ3

2人分で
計450g!

作り方

1 じゃがいもはスライサーなどで薄切りにする。スナップえんどうは筋をとり除き、斜め半分に切る。玉ねぎはごく薄く切る。

2 ボウルにじゃがいもを入れ、ラップをふんわりとかけて電子レンジで4分加熱する。いったんとり出してざっくりとまぜ、スナップえんどうを加えてラップをふんわりとかけ、さらに2分加熱する。

3 玉ねぎを加えてよくまぜ、大きめにくずしたゆで卵、味だれを加えてざっくりとまぜる。

1人分 **315kcal**、食物繊維**16.3g**

味だれにプラスして
味わいリッチ

＋トマト缶で
洋風

トマトソースに卵を落とす中近東料理をサラダに。
甘ずっぱくフレッシュなミニトマトがアクセント

シャクシュカ風温サラダ

材料(2人分)
卵… 2個
ミニトマト… 8個(120g)
玉ねぎ… ½個(100g)
ウインナソーセージ… 1袋(4〜5本)
ホールトマト缶… 1缶(400g)
味だれ⑤
ハニーオニオンだれ…大さじ3
塩、こしょう…各少々
オリーブ油…大さじ1
フレッシュバジル…20g

トマト缶も加えて
2人分で
350g以上に!

作り方

1 ミニトマトはへた側に深さ1cmの切り込みを入れる。玉ねぎは薄切り、ウインナは斜め半分に切る。

2 フライパンにオリーブ油とウインナを入れて中火で熱し、ウインナの脂が出てきたら玉ねぎを加えていためる。

3 玉ねぎがしんなりしたらトマト缶と味だれを加え、汁けをとばすように煮詰め、塩、こしょうで味をととのえる。卵を割り入れてミニトマトをのせ、白身がうっすらかたまったら火を止めてバジルをのせる。

1人分 378kcal、食物繊維4.8g

スープサラダ

スープは野菜をたっぷりとるのにおすすめの料理。サラダ感覚で食べられる
3品を紹介します。調味は味だれにおまかせだから簡単！

1人分
215kcal、
食物繊維**9.6g**

ハニーオニオンだれの甘みが野菜とマッチ。
具だくさんだからメインおかずにもなります

フレッシュトマトのミネストローネ風サラダ

材料(2人分)

トマト…小1個(100g)
キャベツ…⅛個(150g)
じゃがいも…1個(150g)
にんじん…½本(75g)
ベーコン…2枚
A 水…500ml
　　塩…小さじ⅓
　　ローリエ…1枚

味だれ⑤　ハニーオニオンだれ…大さじ3

塩、あらびき黒こしょう…少々
オリーブ油…大さじ½

作り方

1 トマトは小さめの乱切り、キャベツは1.5cm
角に切り、じゃがいも、にんじんは1cm角に
切る。ベーコンは1cm幅に切る。

2 なべにオリーブ油、ベーコンを入れて中火で
熱し、キャベツ、じゃがいも、にんじんを加
えていためる。

3 全体に油が回ったら**A**を加え、弱めの中火で
10分ほど煮込む。味だれとトマトを加え、味
をみて塩、黒こしょうで味をととのえる。

さわやかな香りのハーブブーケがのるとサラダ風になるから不思議。
かぶの甘みでほっこりとします

ハーブブーケのかぶポタージュサラダ

材料(2人分)

かぶ… 3個(450g)
セロリ…½本(60g)
ねぎ…½本(60g)
A 味だれ④
　バーニャだれ…大さじ2
　ローリエ… 1枚
　塩…小さじ⅓
牛乳…200ml
オリーブ油…大さじ½
ハーブブーケ(セルフィーユ、ディル、
　スプラウトなど)…適量

作り方

1 かぶは皮ごと薄い輪切りにする。セロリとねぎは斜め薄切りにする。

2 なべにオリーブ油を中火で熱し、セロリ、ねぎを焼き色がつかないようにいためる。しんなりしたらかぶを加え、全体に油が回ったらひたひたの水(約200ml)、Aを加え、かぶがやわらかくなるまで煮て火を止める。

3 あら熱がとれたらローリエを除き、ミキサーに移してなめらかになるまでかくはんする。なべに戻し入れて中火にかけ、牛乳を加えて温まったら器に盛る。バーニャだれ少々(分量外)をかけてハーブブーケをのせる。

1人分
202kcal、
食物繊維6.0g

韓国の夏の冷麺、豆乳スープのコングクス。
めんをもやしにかえて、野菜たっぷりに仕上げます

もやしのコングクス風スープサラダ

材料(2人分)

もやし… 2袋(400g)
きゅうり… 1本(120g)
小ねぎ… 3本(20g)
みょうが… 1個(20g)
無調整豆乳…200ml
味だれ①
ごまみそだれ…大さじ3
すり白ごま、ラー油…各適量

作り方

1　豆乳と味だれをよくまぜ、冷蔵室で冷やす。

2　もやしは大きめの耐熱ボウルに入れ、ラップをふんわりとかけて電子レンジで5分加熱する。そのままあら熱がとれるまでおき、水けをしっかりしぼる。きゅうりはせん切り、小ねぎは小口切り、みょうがは縦半分に切ってから斜め薄切りにする。

3　器にもやしを入れて氷適量をのせ、1をかける。きゅうり、小ねぎ、みょうがをのせ、ごまを振ってラー油をかける。

PART 3

これだけでOK!
一皿完結サラダ

1品で1日に必要な野菜量の半分（175g）以上とることが
できる野菜サラダに、パンや雑穀、めんなどの主食をプラス。
主食量は控えめにした野菜たっぷりのヘルシーワンプレートレシピです。

パスタ

ビタミンたっぷり! 赤と緑の元気色サラダ。
パスタは少なめに、オレンジの酸味がアクセント

カロティンパスタサラダ

材料(2人分)
ショートパスタ(フジッリなど)…80g
にんじん…1本(150g)
パプリカ(赤)…1個(200g)
パセリ…30g
オレンジ…1個
生ハム…50g
味だれ 5
ハニーオニオンだれ…大さじ3

作り方

1 にんじんはスライサーなどで薄い輪切り、パプリカは縦半分に切ってから横薄切り、パセリはあらいみじん切りにする。オレンジは皮と薄皮をむく。

2 なべに湯を沸かして湯の1%の塩(分量外)を入れ、パスタを加えて袋の表示時間どおりにゆで、にんじんを加えてさっとまぜ、湯をきる。

3 ボウルに2、パプリカ、パセリ、味だれを入れてあえ、オレンジ、ちぎった生ハムを加えてざっくりとまぜる。

1人分 323kcal、食物繊維7.2g

2人分で計380g!

Point!

パスタをゆでているところへにんじんを入れ、ゆで時間を短縮します。薄切りなので、さっと湯通しすればOK。

コクを出したいクリームパスタも味だれなら簡単！
カリフラワーは生のまま加えてサクサク感を楽しみます

サーモンとカリフラワーの
クリームパスタサラダ

材料(2人分)

ショートパスタ(フジッリなど)
　…80g
カリフラワー…½個(250g)
セロリ…1本(120g)
塩…小さじ⅓
スモークサーモン…80g
味だれ④
バーニャだれ…大さじ3

2人分で計370g！

作り方

1 カリフラワーは小房に分けてから縦薄切り、セロリは斜め薄切りにする。合わせてボウルに入れ、塩をまぶしてしんなりしたら水けをしっかりしぼる。

2 なべに湯を沸かして湯の1％の塩(分量外)を入れ、パスタを加えて袋の表示時間どおりにゆでる。

3 ゆで上がったら湯をきってボウルに入れ、熱いうちに1を加えてあえ、ちぎったスモークサーモン、味だれを加えてあえる。

1人分 332kcal、食物繊維7.1g

人気の冷製パスタを野菜が主役のサラダにアレンジ。
うま塩ねぎだれであえるだけ!

フレッシュトマトとルッコラの冷製パスタサラダ

材料(2人分)

カペッリーニ…80g
ミニトマト…20個(300g)
玉ねぎ…½個(100g)
ルッコラ…1束(70g)
ツナ缶…1缶(60g)
味だれ 3
うま塩ねぎだれ…大さじ4

2人分で計470g!

作り方

1 ミニトマトは横半分に切り、玉ねぎはごく薄く切る。大きめのボウルに入れ、味だれを加えてよくあえる。ルッコラは3cm長さに切る。

2 なべに湯を沸かして湯の1%の塩(分量外)を入れ、カペッリーニを加えて袋の表示時間どおりにゆでる。

3 ゆで上がったら湯をきって氷水で締め、水けをよくきる。1のボウルにツナとともに加えてまぜ、ルッコラを加えてざっくりとあえる。

1人分 342kcal、食物繊維6.2g

ベーコンのうまみを吸ったバゲットをトッピング。
ほんのり甘いハニーオニオンだれがぴったり!

野菜たっぷりクルトンサラダ

材料(2人分)

バゲット…¼本(80g)
赤玉ねぎ…½個(100g)
ベビーリーフ…1袋(50g)
ブロッコリー…½個(200g)
ブロックベーコン…120g

味だれ⑤

ハニーオニオンだれ…大さじ4
オリーブ油…大さじ1

2人分で計350g!

作り方

1 赤玉ねぎは繊維を断つようにごく薄く切り、ベビーリーフとともに水にさらし、水けをきって冷蔵室で15分以上冷やす。

2 ブロッコリーは小房に分け、大きければ縦半分に切る。茎はかたい部分を切り落として5mm厚さの輪切りにする。ベーコンは1cm角、バゲットは2cm角に切る。

3 フライパンにオリーブ油とベーコンを入れて中火で熱し、ベーコンの脂が出てきたらバゲットを加え、焼き色がついたらとり出す。続けてブロッコリーを入れ、味だれ大さじ1を回しかけ、ふたをして弱火で3分蒸し焼きにする。

4 器に1を敷いて3をのせ、残りの味だれをかける。

Point!

ベーコンの脂が出てきたところにバゲットを加え、ベーコンのうまみを吸わせながら香ばしく焼きつけます。

彩り野菜がたっぷり&大きめツナでたんぱく質も補給。
紫キャベツとにんじんを味だれであえるのがポイント!

ボリュームサラダサンド

材料(2人分)

食パン(8枚切り)… 4枚
紫キャベツ…1/6個(150g)
にんじん…2/3本(100g)
レタス… 2枚(80g)
アボカド… 1個(120g)
ツナ缶(チャンクタイプ)…大1缶(140g)
塩…小さじ1/2
味だれ❸
うま塩ねぎだれ…大さじ2
バター…適量

作り方

1 紫キャベツはせん切り、にんじんはスライサーなどでせん切りにし、それぞれ塩小さじ1/4をまぶす。しんなりしたら水けをしっかりしぼり、それぞれ味だれ大さじ1を加えてあえる。

2 アボカドは縦半分に切ってから縦5等分に切る。パンにバターを薄く塗る。

3 パン2枚に四つ折りにしたレタスをのせ、紫キャベツ、にんじん、アボカド、油をきったツナを順に等分してのせ、残りのパンではさんでラップでぴったり包む。しばらくおき、落ち着いたら半分に切る。

2人分で
計450g!

1人分 378kcal、食物繊維9.3g

バーニャカウダ風だれでかぼちゃサラダをおいしくコク増し。
豆の食感が楽しく、ハーブの香りであと味がさわやか

かぼちゃとひよこ豆のタルティーヌ

材料(2人分)

バゲット…¼本(80g)
かぼちゃ…⅛個(正味200g)
ひよこ豆(ドライパック)…50g
玉ねぎ…½個(100g)

味だれ④
バーニャだれ…大さじ4
　セルフィーユ、ブロッコリースプラウト、
　ミント…合わせて50g

2人分で計350g！

作り方

1　かぼちゃは皮をところどころむき、1.5cm角
　に切る。耐熱ボウルに入れてラップをふんわ
　りとかけ、電子レンジで5分加熱し、そのま
　ま2分おく。

2　1の水けをふきとってボウルに入れ、薄切り
　にした玉ねぎ、ひよこ豆、味だれ大さじ3を
　加えてざっくりとまぜる。

3　バゲットは横半分に切って表面に味だれ大さ
　じ½ずつを塗り、オーブントースターでこん
　がりと焼く。2をこんもりと盛り、　をのせる。

糖質を控えめにし、食物繊維が豊富なもち麦と根菜を合わせて。
しょうゆにらだれで和風に仕上げます。さまざまな食感で楽しい

根菜ともち麦のサラダ

材料(2人分)

もち麦(炊いたもの)…100g
ごぼう…⅓本(100g)
れんこん…½節(100g)
にんじん…½本(75g)
しゅんぎく…½束(100g)
ちりめんじゃこ…10g
味だれ②
しょうゆにらだれ…大さじ3

作り方

1 ごぼう、れんこんは7mm角に切り、水に
さらして水けをきる。にんじんは5mm角
に切る。しゅんぎくは葉を摘んで1.5cm
幅に切り、茎は5mm長さに切る。

2 耐熱ボウルにじゃこ、にんじん、ごぼう、
れんこんを順に入れ、ラップをふんわり
とかけて電子レンジで3分加熱し、その
まま2分おく。

3 しゅんぎくの茎を加えてよくまぜ、あら
熱がとれたら、もち麦、しゅんぎくの葉、
味だれを加えてまぜる。

2人分で
計375g！

時間がないときは、そのまま使
える調理ずみのもち麦でも！

Point!

もち麦はまとめて炊飯器で炊き、
小分け冷凍保存しておくと便利。

〈炊飯器での炊き方〉
もち麦適量をさっとすすいで1.5
倍の水にひたして一晩おく。炊飯
器の内釜に移してふつうに炊飯
し、炊き上がったらやさしくほぐ
す。熱いうちに80gずつラップで
包み、冷めたらファスナーつき保
存袋に入れて冷凍する。

1人分 163kcal、食物繊維8.5g

生で食べられる野菜とハム、チーズの組み合わせ。
火を使わずにまぜるだけだから簡単！

玄米チョップドサラダ

1人分 355kcal、食物繊維4.1g

材料(2人分)

玄米(炊いたもの)…100g
セロリ…１本(120g)
きゅうり…１本(120g)
かぶ…１個(150g)
トマト…小１個(100g)
ハム…４枚
モッツァレラ…１個
塩…小さじ¼

味だれ⑤
ハニーオニオンだれ
　　…大さじ４

2人分で計490g！

作り方

1　きゅうり、セロリ、かぶは１cm角に切って塩をまぶし、しんなりしたら水けをきる。トマトは小さめの乱切り、ハムは半分に切ってから７mm幅に切る。モッツァレラは１cm角に切る。

2　ボウルに１、玄米、味だれを入れてよくまぜる。

Point!

玄米はまとめて炊飯器で炊き、小分け冷凍保存しておくと便利。

〈炊飯器での炊き方〉
玄米適量をさっとすすいで1.5倍の水にひたして一晩おく。炊飯器の内釜に移してふつうに炊飯し、炊き上がったらやさしくほぐす。熱いうちに100gずつラップで包み、冷めたらファスナーつき保存袋に入れて冷凍する。

レンジ2回＆余熱調理でさつまいもがホクホク！
プチプチ食感のキヌアをたっぷりトッピング

さつまいもとキヌアのサラダ

材料(2人分)
キヌア(ドライパック)…50g
さつまいも…1本(300g)
玉ねぎ…½個(100g)
水菜…½束(100g)
くるみ(ローストずみのもの)
　　…30g
レーズン…30g
味だれ①
ごまみそだれ…大さじ3

2人分で計500g！

作り方

1　さつまいもはピーラーなどで皮を間をあけて縦に4カ所むき、さっと水にさらしてラップで包む。電子レンジで3分加熱し、上下を返してさらに2分加熱し、そのまま5分おく。

2　玉ねぎはごく薄く切り、味だれを加えてあえる。水菜は5cm長さに切って水にさらし、水けをしっかりきって冷蔵室で15分以上冷やす。

3　さつまいもを食べやすい大きさにくずしてボウルに入れ、2、砕いたくるみ、レーズンを加えてよくまぜる。器に盛り、キヌアを散らす。

1人分 **501kcal**、食物繊維**9.6g**

ビタミン・ミネラル豊富で高たんぱく、人気のスーパーフード「キヌア」。

つるつるっとして食べやすいとうふめんを活用。
具の野菜はレンジでいっぺんに下ごしらえできるので楽ちん

ヘルシーとうふめんサラダ

材料(2人分)

とうふめん… 2パック
オクラ… 1袋(120g)
もやし… 1袋(200g)
小ねぎ… 5本(30g)
かに風味かまぼこ… 1パック(100g)

味だれ①
ごまみそだれ…大さじ4

2人分で
計350g！

とうふをめん状にした低糖質の
めん。つるつる食感で口当たり
もよく、ヘルシーです。

作り方

1 オクラはつまようじで穴を2カ所あける。小ねぎは小口切りにする。

2 耐熱ボウルにオクラ、もやしを順に入れ、ラップをふんわりとかけて電子レンジで3分加熱する。オクラをとり出して斜め半分に切り、もやしは軽く水けをしぼる。

3 器に水けをきったとうふめんを盛り、2、あらく裂いたかにかまをのせ、味だれをかける。小ねぎを散らし、好みでラー油をかける。

Point!

オクラの上にもやしをのせてレンジ加熱。もやしの水分でオクラにもちょうどよく火が通ります。

1人分 272kcal、食物繊維9.0g

バーニャカウダ風だれでサラダうどんが洋風に！
野菜にたれをたっぷりからめてめし上がれ

イタリアンなサラダうどん

材料(2人分)

ゆでうどん… 2人前
水菜…½束(100g)
紫玉ねぎ…½個(100g)
トマト…小2個(200g)
ゆで卵…2個
ハム…4枚
味だれ④
バーニャだれ
　　…大さじ4

2人分で
計400g！

作り方

1 水菜は5cm長さに切り、紫玉ねぎは繊維を断つようにごく薄く切り、ともに水にさらして水けをしっかりきり、冷蔵室で15分ほど冷やす。

2 トマトは一口大の乱切りにする。ゆで卵は半分に切る。ハムは半分に切ってから細切りにする。

3 うどんはさっとゆでて冷水で締め、水けをきって味だれ大さじ2であえ、器に盛る。1、2を彩りよくのせ、残りの味だれをかける。

1人分
477kcal、食物繊維6.5g

沖縄の家庭料理も味だれでサラダに！
野菜の食感がほどよく感じられて、冷めてもおいしい

そうめんチャンプルー風サラダ

材料(2人分)
そうめん…100g
ゴーヤー…½本(150g)
にんじん…½本強(90g)
ねぎ…1本(120g)
豚バラ薄切り肉…150g
塩、こしょう…各少々
かつお節…3g
味だれ②
しょうゆにらだれ…大さじ3
ごま油…大さじ1

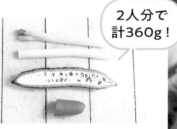

2人分で
計360g！

作り方

1 ゴーヤーは5mm厚さの薄切り、にんじんはせん切り、ねぎは斜め薄切りにする。豚肉は4cm幅に切り、塩、こしょうを振る。

2 なべに湯を沸かし、そうめんを袋の表示時間どおりにゆでて湯をきり、ごま油小さじ1を加えてあえる。

3 フライパンにごま油小さじ2を中火で熱して豚肉をいため、肉の脂が出てきたらゴーヤーを加えてさっといためる。火を止め、熱いうちににんじんとねぎ、2、かつお節、味だれを加えてあえる。

1人分 561kcal、食物繊維6.0g

野菜の鮮度を保つ方法

買ってきた野菜をどこに保存するかで、日もちが変わります。
野菜に合った保存方法を覚えておきましょう。

冷蔵室の扉に立てて保存

アスパラガスや小松菜、パセリやハーブは、横にして野菜室に保存するとしなびてくるので、立てて保冷。牛乳パックなどを入れる冷蔵室の扉の奥に立てておき、倒れないようパックでおさえるとよい。

玉ねぎやいもは冷暗所に

玉ねぎやじゃがいも、さつまいもなどは、野菜室に入れなくて大丈夫。家の中の涼しくて風通しのいい場所におき、日が当たらないようにする。

いも類は芽が伸びないように光を遮断。不織布でできたギフト用の袋や紙袋を活用するとよい。

玉ねぎは風通しよくするのが傷まない秘訣。目のあらい網のバッグなどに入れ、つるしておくと使いやすい。

PART 4

あると助かる!
作りおき
サラダ

毎日野菜をとりたいけれど
毎回作るのは大変。
時間があるときに作りおきしておけば、
夕飯や翌日のランチ、
お弁当おかずにもなって楽ちんです。
どれも約2回分なので、飽きずに楽しめます。
味つけはもちろん味だれにおまかせ!

味だれのおろし玉ねぎが全体に味を行き渡らせて
甘ずっぱいピクルス風の味わいに

彩り野菜とうずらの卵の
ピクルス風サラダ

材料(4人分)
セロリ… 2本(240g)
きゅうり… 3本(360g)
ミニトマト…20個(300g)
うずらの卵(水煮)…12個
塩…小さじ½
味だれ 5
ハニーオニオンだれ…大さじ4

作り方

1 セロリは筋が太ければピーラーなどでむき、1cm厚さの斜め切りにする。きゅうりは長さを4等分に切ってから縦4等分に切り、セロリとともにボウルに入れ、塩をまぶして10分おき、水けをしぼる。ミニトマトはへた側に深さ1cmの切り込みを入れる。

2 ポリ袋に 1 とうずらの卵、味だれを入れて軽くもみ、空気を抜いて口をしばり、冷蔵室に一晩おく。

Point!

ミニトマトはへたをとった部分に
深さ1cmほどの切り込みを入れて
から漬けると、味がよくしみ込み
ます。

保存期間 **冷蔵3日**

1人分 **110kcal**、食物繊維**6.2g**

オクラ、モロヘイヤ、長いものねばねばトリオに
香味野菜と桜えびをプラス。副菜にぴったりの和風サラダ

ねばねばサラダ

材料(4人分)
オクラ… 2袋(240g)
モロヘイヤ… 1束(100g)
長いも…400g
小ねぎ…10本(60g)
みょうが… 2個(40g)
桜えび… 8g
味だれ ②
しょうゆにらだれ…大さじ4

作り方

1 オクラはつまようじで穴を2カ所あける。モロヘイヤは茎のかたい部分はとり除く。耐熱ボウルにオクラ、モロヘイヤを順に入れ、ラップをふんわりとかけて電子レンジで3分加熱する。あら熱がとれたら、オクラは1cm厚さの斜め切り、モロヘイヤはざく切りにする。

2 長いもは長さを4等分に切り、めん棒などでたたいて食べやすい大きさに割る。小ねぎは斜め切り、みょうがは縦半分に切ってから斜め薄切りにする。

3 ボウルに 1、2、桜えび、味だれを入れてまぜる。

保存期間　冷蔵3日

1人分 **129kcal**、食物繊維**4.5g**

さわやかなグレープフルーツとハニーオニオンだれが好相性。
カリフラワーは歯ごたえが残る程度にゆでるのがおすすめ

えびとカリフラワーのフルーツサラダ

材料(4人分)
むきえび(大)…200g
カリフラワー…1個(500g)
セロリ…1本(120g)
グレープフルーツ…1個
味だれ 5
ハニーオニオンだれ…大さじ4

作り方

1　カリフラワーは小房に分け、大きければ縦半分に切る。セロリは斜め薄切りにする。グレープフルーツは皮と薄皮をむく。えびはかたくり粉大さじ2(分量外)をもみ込み、流水で洗って水けをふきとる。

2　なべに湯を沸かして湯の1%の塩(分量外)を入れ、カリフラワーを2分ゆでてとり出す。続けてえびを加え、火が通ったら湯をきってあら熱をとる。

3　ボウルに2、セロリ、グレープフルーツ、味だれを入れてまぜる。

保存期間 **冷蔵3日**

1人分 **167kcal、食物繊維3.9g**

バーニャだれにツナのうまみをプラス。
みずみずしい白菜がコクのある洋風サラダに

白菜とツナのコールスロー

材料(4人分)
白菜…¼個(600g)
にんじん… 1 本(150g)
ホールコーン缶… 1 缶(100g)
ツナ缶… 1 缶(100g)
塩…小さじ 1
味だれ ④
バーニャだれ…大さじ 3

作り方

1 白菜は縦半分に切ってから横5mm幅に切る。にんじんはせん切りにして白菜とともに塩をまぶし、しんなりしたら水けをしっかりしぼる。

2 ボウルに 1、汁けをきったコーンとツナ、味だれを入れてよくまぜる。

Point!

出てきた野菜の水けをしっかりしぼることで、味だれが中まで浸透し、味がまとまります。

甘みのあるパプリカと食感のいいきくらげの組み合わせ。
味はしょうゆにらだれでバシッと決まります

パプリカときくらげの
和風サラダ

材料(4人分)
パプリカ(赤・黄)…各1個(400g)
玉ねぎ…1個(200g)
きくらげ…10g
味だれ 2
しょうゆにらだれ…大さじ4
ごま油…大さじ½

作り方

1　パプリカは横半分に切ってから縦7mm幅に切る。玉ねぎは薄切りにし、水にさらして水けをしっかりきる。きくらげはぬるま湯でもどし、かたい部分を切り落として食べやすい大きさに切り、熱湯をかけて水けをきる。

2　ボウルに 1 、味だれ、ごま油を入れてよくまぜ、15分ほどおく。

1人分 260kcal、食物繊維4.7g

アンチョビーとガーリックで作った味だれでアヒージョ風に！
きのこは好みのものを数種類組み合わせるとおいしい

きのことセロリの
アヒージョ風サラダ

材料(4人分)

しめじ… 3パック(300g)
エリンギ… 2パック(200g)
セロリ… 1本(120g)
ブロックベーコン… 150g
味だれ 4
バーニャだれ…大さじ4
オリーブ油…小さじ1

作り方

1 しめじは大きめにほぐす。エリンギは四つ割りにしてから長さを4等分に切る。セロリは茎はあらいみじん切り、葉は細切りにする。ベーコンは1cm角に切る。

2 フライパンにオリーブ油とベーコンを入れて中火で熱し、ベーコンの脂が出てきたら、しめじ、エリンギを加えて焼き色がつくまで焼く。

3 火を止め、味だれ、セロリを加えてざっくりとまぜる。

保存期間 **冷蔵3日**

1人分 **75kcal**、食物繊維**4.3g**

味だれであえながら野菜の水分でわかめをもどして時短に。
ごま風味で箸休めの小鉢にもなります

白菜とわかめの
ごまあえサラダ

材料(4人分)

白菜…¼個(600g)
豆苗…1袋(120g)
わかめ(乾燥)…7g
塩…小さじ⅔
味だれ ①
ごまみそだれ…大さじ3

作り方

1 白菜は縦半分に切ってから横7mm幅に切る。
豆苗は根を切り落とし、長さを3等分に切る。

2 ポリ袋に1、塩を入れてよくもみ込み、口を
しばって10分おく。水けをしっかりしぼって
ボウルに入れ、わかめ、味だれを加えてよく
まぜ、わかめがもどるまでおく。

保存期間 **冷蔵3日**

1人分 **50kcal**、食物繊維**3.8g**

ピーマンは種ごとがおいしく、栄養価もアップ。
加熱はレンジだけだから楽ちん!

蒸しなすとピーマンの
にらだれサラダ

材料(4人分)

なす… 6個(500g)
ピーマン… 4個(140g)
みょうが… 1個(20g)
酒…大さじ1
A **味だれ 2**
　　しょうゆにらだれ…大さじ5
　　赤とうがらしの小口切り…½本分
　　かつお節…3g

作り方

1 なすはピーラーなどで皮を間をあけて縦に3
カ所むき、4等分の長めの乱切りにして水に
さらす。ピーマンは種ごと縦4等分に切る。

2 みょうがは縦半分に切ってから斜め薄切りに
し、ボウルに入れ、Aを加えてまぜる。

3 耐熱皿に水けをきったなすをのせて酒を振
り、ラップをふんわりとかけて電子レンジで
5分加熱する。いったんとり出してピーマン
をのせ、ラップをかけてさらに3分加熱し、
蒸し汁ごと 2 に加えてまぜ、20分ほどおく。

味だれにプラスして
味わいリッチ

＋マヨネーズで
洋風

保存期間 **冷蔵3日**

1人分 **279kcal、食物繊維5.1g**

味つけがバーニャだれだから
ガーリックのうまみや生クリームのコクがしっかり

野菜たっぷりマカロニサラダ

材料(4人分)

キャベツ…½個(600g)
玉ねぎ…¼個(50g)
きゅうり…1本(120g)
にんじん…⅓本(50g)
マカロニ…100g
ハム…8枚
塩…小さじ1

A | 味だれ④
  | **バーニャだれ…大さじ3**
  | マヨネーズ…大さじ3

作り方

1 キャベツは4〜5cm長さ、7mm幅に切る。玉ねぎは薄切り、きゅうりは薄い小口切り、にんじんは長さを3等分に切ってから薄切りにする。すべてをポリ袋に入れて塩を振ってもみ込み、しんなりしたら水けをしっかりしぼる。

2 なべに湯を沸かして湯の1％の塩(分量外)を入れ、マカロニを加えて袋の表示時間どおりにゆで、ざるに上げて湯をよくきる。

3 ハムは半分に切ってから細切りにしてボウルに入れ、 1 、 2 、Aを加えてまぜる。

春雨のかわりにもやしを2袋使って、ヘルシーにボリュームアップ。
味つけは味だれとナンプラーだけだから簡単！

ヤムウンセン風サラダ

＋ナンプラーで
エスニック風

保存期間 **冷蔵3日**

1人分 **138kcal**、食物繊維**3.9g**

材料（4人分）

もやし… 2袋（400g）
紫玉ねぎ…½個（100g）
にんじん…½本（75g）
セロリ… 1本（120g）
パクチー… 1袋（30g）
むきえび（小）…150g

A	味だれ 3	うま塩ねぎだれ…大さじ4
	ナンプラー…大さじ1½	

皮つきピーナッツ…30g

作り方

1 耐熱ボウルにもやしを入れ、ラップをふんわりとかけて電子レンジで10分加熱し、あら熱がとれたら水けをしっかりしぼる。

2 えびはかたくり粉大さじ2（分量外）をもみ込み、流水で洗って水けをふきとる。なべに湯を沸かして湯の1％の塩（分量外）を入れ、えびをゆで、火が通ったら湯をきってあら熱をとる。

3 紫玉ねぎは薄切りにして水にさらし、水けをしっかりきる。にんじんはせん切り、セロリは斜め薄切り、パクチーは茎は小口切り、葉はちぎる。すべてボウルに入れ、1、2、A、ピーナッツを加えてよくまぜる。

味だれにプラスして
味わいリッチ

保存期間 **冷蔵3日**

1人分 **200kcal、**食物繊維**3.9g**

＋コチュジャンで
韓国風

薄切りにした玉ねぎが味のまとめ役。
ピリ辛でごはんにも合うサラダです

ししとうと厚揚げの
韓国風サラダ

材料(4人分)
ししとうがらし… 2パック(150g)
厚揚げ… 2枚(400g)
ズッキーニ… 2本(300g)
玉ねぎ… 1個(200g)
A 味だれ**2**
しょうゆにらだれ…大さじ3
コチュジャン…大さじ1

作り方

1 ししとうはつまようじで穴を2か所あける。ズッキーニは長さを4等分に切ってから縦4等分に切る。厚揚げはキッチンペーパーで水けをしっかりふきとり、12等分に切る。

2 玉ねぎはごく薄く切ってボウルに入れ、Aを加えてまぜる。

3 魚焼きグリルに厚揚げ、ししとう、ズッキーニを入れて弱火にかける。うっすら焦げ目がついた順に 2 に加えてあえる。

上島亜紀（カミシマアキ）

料理研究家。ジュニア・アスリートフードマイスター、パン講師、食育アドバイザーの資格をもつ。神奈川県の自宅にて、料理教室「A's Table」を主宰。気軽な家庭料理からおもてなし料理、パンや洋菓子まで、アイディアあふれるレシピが人気で、女性誌や書籍を中心に活躍。OL時代からの食べ歩きで培った味つけや盛りつけのセンスには定評が。著書に、『はじめてでも簡単! 毎日がラクになる電気圧力鍋の絶品レシピ』（主婦の友社）、『「また作って!」と言われる おかわりおかず』（池田書店）など多数。

STAFF

ブックデザイン	細山田光宣、鈴木あづさ（細山田デザイン事務所）
撮影	佐山裕子（主婦の友社）
スタイリング	坂上嘉代
調理アシスタント	柴田美穂
栄養計算	新 友歩
構成・文	須永久美
編集担当	町野慶美（主婦の友社）

味だれ5つで！ 野菜がおいしすぎる
超悦サラダ

令和5年6月20日　第1刷発行

著者　上島亜紀
発行者　平野健一
発行所　株式会社主婦の友社
　　　　〒141-0021　東京都品川区上大崎3-1-1
　　　　目黒セントラルスクエア
　　　　電話03-5280-7537（内容・不良品等のお問い合わせ）
　　　　　　049-259-1236（販売）
印刷所　大日本印刷株式会社

© Aki Kamishima 2023　Printed in Japan　ISBN978-4-07-454860-6

■本のご注文は、お近くの書店または主婦の友社コールセンター（電話0120-916-892）まで。
＊お問い合わせ受付時間　月〜金（祝日を除く）　10:00〜16:00
＊個人のお客さまからのよくある質問のご案内　https://shufunotomo.co.jp/faq/